方法序説

デカルト
小場瀬卓三＝訳

角川文庫 17195

目次

理性を正しく導き、もろもろの科学における真理を探究するための

方法序説[1]

もし諸君がこの序説はあまり長すぎて一気に読みとおせない、と思われるならば、これを六部にわけることができよう。すなわち諸君は、第一部ではもろもろの科学にかんする考察を、第二部では著者が探し求めた方法の主な法則を、第三部では著者がこの方法から引きだした道徳上の若干の法則を、第四部では著者の形而上学《けいじじょうがく》の根底をなす神と人間の霊魂との存在を証明するいろいろの根拠を、第五部では著者が研究した物理学[2]の諸問題の体系、とくに心臓の運動や医学に属するほかの若干の難問の解明と、われわれの霊魂と獣類のそれとの間にある相違等を、そして最後の部では、著者がいままでよりも自然の研究にもっと深く突き進むために必要だと信じている若干の事柄、ならびに著者に本書を書かせるに至った若干の理由を見いだされるであろう。

1　ことわるまでもなく、「理性を正しく導き、もろもろの科学における真理を探求するための」ということばは、「方法」にかかるものであって、「序説」にかかるものではない。だからこの題名は正確には「理性を正しく導き、もろもろの科学における真理を探求するための方法にかんする序説」と訳すべきものであろう。「序説」と訳したDiscoursということばは、Traiteが教科書風に体系的に書かれた論稿であるのにたいし、四角ばらぬ論説の意で、デカルトは一六三七年三月にメルセンヌにあてた手紙でみずから「方法にかんする序文または私見」の意であると述べ、形而上学、物理学、医学等について今後書く論文はこの方法の適用から生まれたものであって、自分はそれらを「この方法の試み」と呼ぶと書いている。これから見てデカルトがこの方法論を、諸科学研究の序説と考えていたことがわかる。だからこれはもっと体系的な方法論にたいする序説の意ではなく、今日のことばでいえば、「方法論的序説」の意である。

2　当時物理学は今日よりはるかに広い意義を持ち、自然科学全体を含んでいた。つまりそれは形而上学にたいする形而下学の意であった。したがってわが国のデカルト学者、パスカル学者はこれをしばしば「自然学」と訳しているが、わたしは、物理学がやはりその中心であり、当時の科学はすべての科学を力学的に考えていて、それが時代とともにそれぞれ固有の法則を持った個別科学として独立してきたという、科学史的な概念を明白にさせるため、やはり「物理学」なる訳語を使った。だからお読みになる場合には、デカルトにおける「物理学」が、現代のわれわれのいう物理学のみならず、広く自然科学全体を含んでいたことを記憶しておいてほしい。

第一部

良識《ボン・サンス》[1]はこの世でもっとも公平に配分されているものである。というのは、だれでも自分は十分に良識をそなえていると考え、ほかの事柄においては容易なことで満足しないひとでさえも、自分が持っている以上の良識を持ちたいと望まないのが普通だから。この点ですべてのひとが思いちがいをしているというのは真実らしくない。むしろこのことは、正しく判断し、真偽を弁別する能力――これがまさしく良識、もしくは理性と呼ばれているところのものだが――は、生まれながらに、すべてのひとに平等であることを立証している。われわれの意見が多様なのは、あるものがほかのひとよりも、理性的であるということから起こるのではなく、単にわれわれが、われわれの思想を種々の異なった径路で導いてくるということ、われわれは同一の事物をば考察しているのではないということからだけ起こっているのである。というのは健全な精神を持っているというだけでは十分ではなく、大切なことはそれを正しく適用することだからである。もっとも偉大な人間でも、最大の善行をおこなうことができると同様に最大の悪事を犯すことができるし、またきわめて徐々にしか進まないものでも、もしつねにまっすぐな道をとるなら、駆けて行くけれどもまっすぐな道から遠ざかるものより、はるかに前進することができるものである。

わたしは自分の精神が、どんな点でも一般のひとたちよりもいっそう完全であるなどとうぬぼれたことはなかった。それどころかわたしはほかの一部のひとと同じくらい俊敏な思考力や、明瞭で判明な想像力や、ゆたかでよい記憶力を持ちたいとしばしばこいねがったくらいである。そしてわたしはこれらの特性以上に精神の完成に役立つものを知らない。というのは、理性、もしくは良識が、われわれをして人間たらしめ、獣類からわれわれを区別する唯一のものであるかぎり、わたしはそれが各人において完全なものであり、理性の多い少ないはもっぱら偶有性によるものであって、同一の種に属する個体の形相[2]、すなわち本性によるものではないといっている哲学者たちの共通の意見に従いたいから。

しかしわたしは恐れることなくつぎのようにいうことができる。すなわちわたしは若い時から、わたしを種々な考察や心得に導いてくれたたしかな道にぶつかる幸運に恵まれ、それらの考察や心得によってひとつの方法を形成するに至ったと思う。そしてこの方法によってわたしはだんだんに自分の知識をまし、わたしの凡庸《ぼんよう》な精神と短い生涯がわたしの精神に到達することを許す最高点まで知識を高める手段を持っているように思われる。というのは、わたしはすでにつぎのような成果を収めているからである。すなわちわたしは自分を判断する場合、いつでもうぬぼれにおちいるよりはむしろ疑心を抱くほうであるにもかかわらず、また哲学者の眼で万人のいろんな行為や企図を眺めるときには、無益で無用だと思われないものはほとんどないくらいであるにもかかわらず、しかもなおわたしは、自分が真理の探求においてすでになしとげたと信じている進歩にたいしては、非常な満足を感ぜずにはいられないし、また、人間の職業、純粋に人間[3]としてなすべき職業のうちに、たしかにすぐれた、重要な何らかの職業があるとすれば、それはまさしくわたしの選んだ仕事であるとあえて信じているほど、大きな希望を未来にたいして抱かずにはいられないからである。

しかしながらわたし自身がまちがっているということもありうることである。わたしが金やダイヤモンドだと思っているものも、ちっとばかりの銅やガラスにすぎないかも知れないのである。わたしは、自分にかんしたことでは、われわれがどんなに考えちがいをしやすいものであるかということも、また友人のくだす判断も、それがわれわれに好もしい判断である場合には、どんなに信用できないものであるかということも知っている。しかしこの序説のなかで、自分がどういう道程をたどってきたかを示し、自分の生涯をあたかも一枚の絵に描くように再現して、それで各人がわたしのたどった道程について判断をくだすことができるとともに、一般の評判によって世人がそれについて抱かれるであろうところの意見を知って、それが従来わたしが自己教育のためにもちいてきた方法にあらたにひとつの手段となって加わるならば、それはわたしにとってはまことにこの上もない喜びである。

このように、わたしの目的は、ここで各人がその理性を正しく導くために従うべき方法を教えることではなく、ただ単にわたしがどのように自分の理性を導くべく努力したかをお目にかけることである。ひとに掟《おきて》を授けることにたずさわるものは、自分がそれを授けてやる相手よりも有能であるという自信がなくてはいけない。もしほんのちょっとした点においてであってもかれらに欠けるところがあれば、かれらはその点で非難されるだろう。しかしながら本書をひとつの話として、より適切なことばをもちいれば、まねたほうがよい手本のなかに、おそらくは従わないほうが賢明な例もいくつか発見されるひとつの寓話《ぐうわ》として提供することによって、わたしは、この小論が何人にも無害で、しかも若干のひとたちには有益だろうと期待し、またすべてのひとびとがわたしのこの率直さに満足してくれるだろうと期待している次第である。

わたしは子供の時から文字[4]によって養われてきた。そしてわたしは、文字によって人生に有益なすべての事柄にかんする明白で確固とした知識を獲得することができると確信していたから、文字を習おうという強い欲望を持っていた。しかしそれを修了すれば学者の仲間に加えられるならわしになっている学業の全課程を終えるや否や[5]、わたしはすっかり意見が変わってしまった。というのは、多くの疑惑と誤謬《ごびゅう》に悩まされている自分を発見して、勉学に努力したことによってますます自分の無知を発見したという以外には、何らの効果も収めなかったように思われたからである。しかもわたしのいた所は、ヨーロッパでももっとも著名な学校のひとつ[6]に数えられ、そこにいた当時、わたしはもしこの世のどこかに学識あるひとびとがいるとすれば、それはまさにこの学校にいるはずだと考えていた。わたしはそこでほかのひとたちが学んだことはすべて学んだ。しかもわたしはそこでわれわれに教えられていた学問に満足せず、もっとも珍奇で稀有《けう》とされている学問[7]を取り扱った本まで、手に入れることができるかぎりは全部読破したのであった。と同時に、わたしはほかのひとたちが自分にたいしてどんな判断をくだしているかも知っていた。同窓生のなかにはすでに先生の席を継ぐように予定されているものもいたが、わたしは同窓の生徒にくらべて自分が劣っていると見られていないことを知っていた。最後に、現世紀はこれまでのどんな世紀よりも隆昌で、卓越した精神の持ち主がたくさんいるようにわたしには思われた。以上のことがわたしにほかのひとびとを批判する自由、さきにひとびとがわたしに期待を抱かせたような学説はこの世にはひとつもないのだと考える自由を選ばせるようになった理由である。

　しかしながらわたしは学校で教えられている教科を尊重しなくなってしまったわけでは

なかった。わたしはつぎのことを知っていた――学校で習う語学〔すなわちギリシャ語・ラテン語〕はむかしの本の理解に必要であるということ、寓話のおもしろさは精神を目覚めさせるということ、史上の銘記すべき事蹟は精神を向上させ、分別をもってこれを読めば批判力を養成するのに役立つということ、すべて良書を読むということは、その著者である過去のすぐれたひとたちと会談するようなもので、このような読書はじつにかれらの思想の粋ばかりをわれわれに開いて見せてくれる、前もってよく準備された会話のようなものであるということ、雄弁はくらべるもののない力と美とを持っているということ、詩歌はひとをうっとりとさせるような雅致《がち》と情味とを持っているということ、数学はきわめて精巧な創意を持ち、好奇心のさかんなひとたちを満足させる点でも、またあらゆる技術をやさしくし、人間の労力を少なくする点でも大いに役立つものだということ、習俗を取り扱った書物は多くの教訓と非常に有益な勧善思想を含んでいるということ、神学は天国に至る道を教えてくれるということ、哲学〔すなわちスコラ哲学〕はあらゆる事柄についていかにももっともらしく語り、自分よりも常識の浅いものに自分を賞讃させる方法を授けてくれるということ、法学や医学やその他の科学は、それらを勉強するものに名誉と富をもたらすということ、そして最後に、その正しい価値を認識し、それらに誤られないようにするために、これらのすべてのものを、もっとも迷信的なもの、もっとも誤ったものさえ考究したのはよいことだということ――これらのことをわたしは知っていた。

しかしわたしはすでに十分の時間を語学にもまたむかしの本、歴史の本や寓話の読書にも費したと信じていた。というのは、ほかの世紀のひとびとと会談するのは旅行をするのとほぼ同じだから。いろいろの民族の習俗について何事にもせよ知っておくことは、われわれの習俗をより健全に判断するためにも、またどこの習俗も見ていないひとたちがえてやりがちなように、われわれの習俗に反したものを笑止で理性にそむいたものと考えたりしないためにも結構なことである。しかし旅行にあまり多く時間を費すと、しまいには自分の生国では外国人になってしまうものである。また過去の世紀におこなわれたことにあんまり夢中になる人間は、現在おこなわれていることについては普通ひどく無知なものである。なおまた寓話は、実際はありえない事件をありうることであるかのように想像させるし、きわめて忠実な史書[8]でも、よしそれを読みがいのあるようにするため事実の価値を変えたり、増大したりするようなことはないにしても、少なくとも、きわめて卑俗で著名でない事柄はほとんどつねに省略しているからして、ほかの部分があるがままに目に映らないことになるし、そこから引きだした例によって自分たちの習俗を律しようとするひとたちは、わが国の小説類にでてくる武者修業者に見られるような誇大妄想におちいり、自分の力にあまる計画をたてることになりかねない。

わたしは雄弁を大変尊重した。また詩歌を愛好した。しかしわたしは、それらはいずれも勉学の成果であるよりはむしろ天賦の才であると考えた。非常につよい推理力を持ち、自己の思想を明瞭に、理解しやすくするためにそれらをよく按配《あんばい》するひとたちは、たとえかれらが低ブルターニュの方言しか話せず、また修辞学を全然勉強したことがなくても、自分が主張しようとすることをつねにもっともよくひとに納得させることができるものである。また非常に快適な創見を持ち、それをりっぱな文飾と情味とをもって表現できるひとは、詩法を知らなくてもやっぱり一流の詩人であることに変わりがない。

わたしはその条理の確実性と明証性のために、とくに数学が好きだったが、まだそのほんとうの用途に気づかなかった。しかし数学がただ単に技術に役立っているにすぎないということを考えると、数学の基礎はあのように確実で堅固であるのに、その上にもっと高い学問が何ひとつ築かれなかったということを意外に思った。これに反し、わたしは習俗を論じた古代の異教徒の書物を、非常に壮麗ではあるが、砂や泥の上に築かれたにすぎない楼閣に比較した。それらは美徳を高い地位にすえ、この世に存在するすべてのもののなかでもっとも尊敬すべきものであるかのように見せかけているが、しかし美徳を知ることを十分には教えてくれない。それらが美徳という美しい名前で呼んでいるところのものが、単なる無感動や、驕慢《きょうまん》や、絶望や、尊属殺人にすぎないことがしばしばある[9]。

わたしはわれわれの神学をうやまい、ほかのどんなひとにも負けないくらい天国に行きたいとこいねがっていた。しかしたしかに、天国に至る道は、もっとも無知なものにたいしては、もっとも学識あるものにたいするよりも、少ししか開かれていないというようなことはないということを知り、またわれわれを天国に導く啓示された真理は、われわれの理解力を越えたものであるということを知って、わたしはこれらの真理をわたしの脆弱《ぜいじゃく》な推理に従わせようとはあえて試みなかったし、またそれらの真理を検討することを企て、それに成功するためには、天の何か特別な加護を受け、人間以上のものであることが必要である、と考えた。

哲学についてはわたしは何もいうまい。ただつぎのことだけをいうにとどめる。すなわち哲学は数世紀来、もっとも卓越したひとびとによって開拓されてきたが、しかもそこにはまだ何ひとつ論争の的《まと》となっていないようなものはなく、したがって疑わしくないようなものは何ひとつないのを見て、わたしは、自分がこの方面でほかのひとより成功を収めることを望むだけの自負心を持たなかった。また同一の問題にかんしては真理はひとつしかありえないのに、いくたの学者によって支持されるどんなに多種多様の見解がありうるかを考えて、わたしは、単に真実らしいというにすぎないものは、すべてほぼ虚偽と見なした。

つぎにほかの学問についていえば、わたしはそれらの学問が哲学から自分の原理を借りているかぎり、このように堅固でない基礎の上には何ひとつ確固としたものが建設されえたはずがないと判断した。それらの学問が約束している名誉も利益も、わたしにそうした学問を学ぼうという気を起こさせるにたりなかった。というのは、さいわいにしてわたしは自分の資産をふやすために学問を職業とせざるをえないような境涯におかれているとは感じなかったし、また犬儒派《けんじゅは》気取りで、栄誉を侮蔑することを主張するものではないが、虚偽の肩書によらなければ手に入れることができないような名誉などはあまり尊重しなかったから。そして最後に、もろもろの学説に至っては、錬金術士の約束や、占星術士の予言や、魔術士の瞞着《まんちゃく》や、その他自分が知っている以上のことを知っているかのようにみせびらかしている人間どもの手管《てくだ》や広言などによってだまされるにしては、わたしはそれらがどんな値うちのものかをすでに十分に知っている、と考えた。

以上が、わたしが教師たちの隷属から解放される年齢に達するとただちに、文字の学をまったく放棄してしまった理由である。そして自分のなかに、あるいは世間という大きな書物のなかに発見されるかも知れない学問以外はもはや求めない決心をして、青春の残りを、旅行し、ほうぼうの宮廷や軍隊を見、各種の性格と身分のひとたちと交わり、いろいろの経験を積み、運命が自分にあたえる機会を捉えて自分を試煉し、至る所で自分のまえに現われて来るさまざまの事柄について反省を加えて、そこから何らかの利益を引きだすことにもちいたのであった。というのは、各人が自分にかんした事柄についてする推理は、もしかれが誤った判断をしていれば、まもなくその結果によって罰を受けるはずのものだから、そういう推理のなかでは、文人が書斎でする何の結果も生まない思弁にかんする推理のなかでよりも、より多くの真理に出会うことができるように思われたからである。文人の思弁は、それらを真実らしく見せようとしてますます才智と技巧とをもちいざるをえなくなっているという理由によって、常識から遠ざかれば遠ざかるほど、かれはおそらくそこからより多くの虚栄心を引きだしているという以外には、何らかれには益のないものである。しかるにわたしは自分の行為をはっきりと見、確信をもってこの人生を歩いて行くために、真と偽とを区別することを学びたいという切な願いをたえず抱いていたのである。

なるほどわたしが他人の風儀を考察するにすぎなかった間は、わたしは何らそこにわたしに確信を抱かせるようなものを見いださなかったということ、またここにおいても、さきに哲学者たちの意見のうちに見いだしたとほとんど同じ程度の多様性を見いだしたということは真実である。それゆえ、ここからわたしが引きだした最大の利益は、われわれにはきわめて異様で滑稽なものに見えるけれども、ほかの大民族によって広く受け容れられ、是認されている多くの事柄を見て、わたしは、従来もっぱら例証や習慣によって承服させられていた事柄を、あまり堅く信じてはいけないということを学び、われわれの自然の光をさえぎり、われわれに理性に耳を傾けないようにさせかねないたくさんの誤謬からだんだんに解放されたということであった。しかし、このように数か年間を世間という本について研究し、いくらかの経験をえるために費した後、わたしはある日、自分自身を研究し、自分のとるべき道を選ぶために、自分の精神の全力を傾けようと決心した。このことはどうやら非常にうまくはこんだが、もしわたしが自分の国、自分の書物から離れていなかったならば、このように好都合にははこばなかったであろうと思われる。

1　健全な常識の意。こうしたものが生まれながらにして人間にそなわっているという考え方は、デカルトだけではなく、十七世紀の進歩的思想家、文学者ならびに十八世紀の啓蒙思想家に共通している。

2　スコラ哲学によると、いっさいの実在は形相と質料のふたつの原理からなる。形相は同一の種に属する実体に特性をあたえ、この特性が定義によって実体に復帰する。質料はこの形相の担い手である。人間の質料は肉体であり、その形相は人間の理性的霊魂である。それゆえ人間がひとつの理性的存在であるのは、その形相によってであり、その理性によってかれは人間たるのである。これに反し偶有性は第二次的なもので、各個人に特有なもので、各個人によって異なる。

3　純粋に人間——すなわち理性だけをもちいるもの。神学者たちはこれにたいし、真理の認識には超自然的な光——神の啓示が必要であると考えた。

4　十歳の時以来。デカルトは一五九六年三月三十一日生まれ、一六〇六年ラ・フレーシュの学院に入学した。

5　ラ・フレーシュの学院におけるデカルトの勉学は一六一四年末に終わった。それからデカルトはポワチエ大学で二年間法律学を学んでいる。するとかれの勉学の終わりは一六一六年になる。

6　ラ・フレーシュのイエズス会の学院。

7　今日占い術と呼ばれている占星術、手相術、魔術等のことを、当時は「珍奇な学問」と呼んでいた。稀有の学問というのは、もちいられることの少なかった学問の意である。十六、七世紀には、この種の学問の帰依者はすこぶる多く、一方で科学に熱中し、科学的業績を残したひとが、他方ではわれわれから見ればまったくたわいのないこの種の学問に熱中している。ラブレーもノストラダムスもそうであった。これは学院で教えられていた正統の学問（すなわちスコラ哲学）にたいする一種の反抗的精神の現われであるが、科学的・実証的方法を欠いているという点では、この種の学問は正統の学問と同じ欠陥を持っていたのであって、新しい方法の確立によって人間精神を解放する仕事は、イギリスではベーコンによって、フランスではデカルトによって、なしとげられた。

8　厳格にいうならば、デカルトの時代には史学は学問として成立していなかった。これが学問として第一歩を踏み出すのは十八世紀に入ってからであって、古代の史家にしても、十七世紀の史家にしても、主として戦争や宮廷の権力争いなどだけに関心を寄せ、かつ多くの場合、ある人物を賞讃したり、弁護したりしようという意図を有していたので、事実を正しく伝えないことが多かった。

9　ここの所のくだりは特定的には、十六世紀のフランス思想に大きな影響をおよぼしたストワ哲学者をさしている。

10　一六一六年から一六一九年まで。すなわちポワチエの法科大学を去って、ドイツの冬営で、第二部で言及している思想確立に至るまでの三か年間。その間に、デカルトはほうぼうに旅行している。一六一七年冬にはブルターニュ州にあり、一六一七年春にはパリに行き、一六一八年初頭にはオランダでモーリス・ド・ナッソーの新教軍に志願将校として加わり、ブレダに十五か月滞在、オランダの学者ベークマンと論談している。一六一九年四月同地を出発、アムステルダムを経て海路デンマークに渡り、七月から九月にかけてはフランクフルトに滞在して、ドイツ皇帝フェルディナンド二世の戴冠式に列し、十一月、ウルム付近の屯営で冬をすごしている。

第二部

その頃わたしはドイツにいた。そこでいまなお終わっていない戦争がわたしをドイツに呼びよせたのであった。[1]皇帝の戴冠式[2]から軍隊に帰ったとき冬が始まって、わたしはある屯営《とんえい》[3]に留められてしまった。そこでは気晴らしになるような話相手もなければ、またさいわい心を乱すような心配事や情念もなかったので、わたしは一日じゅうひとりで暖房に閉じこもって思索にふける余暇を持った。そのさまざまな思索のうち、最初に考えたことのひとつは、たくさんの部分から成り立ち、たくさんの親方の手をとおってきた仕事には、ひとりが仕上げた仕事に見られるような完全さが見いだされないことがしばしばあるということであった。ひとりの建築家が企画し、完成した建物は、多数の建築家が集まって、以前にほかの目的で建てられたふるい土壁などを利用して、修復しようと試みたものよりも、壮麗で、整然としているものであることは、ひとの知るとおりである。また同様に、最初は小さな城下町にすぎなかったが、時とともに大都会に発達していったあのふるい都市は、ひとりの技術家が原野に自己の空想にまかせて引いた整然たる要塞都市に比すれば、普通ははなはだ不揃いで、その建物をひとつひとつ切り離して見れば、ほかの都市の建物と同様、あるいはそれ以上に技巧が見いだされることがしばしばではあるが、それらがここに大きいの、あそこに小さいのと立ち並んで、通りをまげたり、高低をつけたりしているのを見ると、こんなふうにしたのは理性をもちいる人間の意志ではなく、むしろ偶然だといいたくなるくらいである。しかもいつの時代にも、私人の建物を公の飾り物にするように管理することを任務とする幾人かの役人がいたことを考えると、他人の作ったものばかりを利用して、それに細工を加えることによって非常に完成されたものを作りだすのは困難であることがよくわかるだろう。またわたしは、むかしは半未開民族で、きわめてゆっくりと文明化して来て、犯罪や紛争等の不都合のために、法律を作るより仕方がなくなってくるに応じてその法律を作った民族は、かれらが寄り集まった最初から思慮のあるひとりの立法者[4]の基本法に従った民族と同様には開化されえないものであると想像した。神だけが法令をだしたような真の宗教の状態は、ほかのどんな状態とも比較にならないほどよく規制されているはずだということはたしかである。人間社会のことについていうなら、むかしスパルタが非常に隆昌をきわめたとすれば、わたしはそれはスパルタの法律のひとつひとつがよかったためであるとは信じない。というのは、それらの若干のものはまことに奇妙な法律であり、なかには淳風美俗に反した法律さえあったのだから。だからわたしは、その隆昌の理由はむしろ、それらの法律がひとりのひとによって創始され、全部同じ目的を追うていた点にあったと信じている。こうしてまたわたしは、書物学問なるものは、少なくともその根拠が蓋然的《がいぜんてき》であるにとどまり、何らの証明もなく、多くの異なったひとびとによってしだいしだいに形成され、増大してきたような学問は、ひとりの良識ある人間が、自分の眼のまえにある事柄について自然にくだすことができる単純な推論ほど、真理に近いものではないと考えた。同様にまたわたしは、われわれはみんな大人になるまえは子供だったのであり、いろいろな欲望や教師によって永い間傅育されねばならなかったが、それらの欲望や教師はしばしば相互に矛盾し、またどちらもつねに必ずしも最善の忠告をあたえてくれたわけではないのであるから、われわれの判断は、もしわれわれが生まれたその時から理性を完全に働かせ、もっぱらこの理性によって導かれて来たならば、あるいはそうなったであろうほど、純粋で確固としたものではありえない、と考えた。一都市の家全部をちがった様式に造り変え、それで街をきれいにするということだけを目的として市《まち》じゅうの家を取り壊すような例は見受けられないのは事実だが、自分の家を改築するために壊すひとや、また倒壊の恐れがあったり、土台が十分しっかりしていないので、やむをえず取り壊すひとはたくさん見受けられる。この実例によってわたしはつぎのように確信した。すなわち、一私人がある国家をその根底から変更することによって、あるいは建て直しを目的としてすっかり転覆してしまうことによって、その国家を改造しようと企図したりするようなことは、まことに不条理なことであり、また同様に、一私人が、学問の全体系、またはそれらを教えることを目的とする学校に確立している秩序を改革しようと企図したりすることも不条理であると確信した。しかしながら、わたしがその時まで信頼して受け容れてきたすべての意見にたいしては、後に至ってほかのもっとすぐれた意見を受け容れるか、ないしは理性の基準に照らして是正した場合にはもとの意見を受け容れるために、ひとまずそれらの意見から脱却しようと企図するのが最上の策であると確信した。そしてわたしはこの方法によって、ふるい基礎の上にだけ建設し、また若いころ、説かれるままにそれが真であるか否かを検討せずに信じていた諸原則にだけ依拠するよりもはるかによく自分の生活を指導することに成功するであろうと確信した。というのは、もちろんこの場合にもわたしは種々の困難を認めはしたものの、この困難は救済策のないものでもなければ、また公にかんしたことを改革する場合、それがほんのつまらない改革であっても、われわれがその場合に出会うあの困難に比較できるような困難でもなかったから。公の大きな組織は、一度打倒されると再建は至難であり、またそうでなくても、動揺を受けるならば、これを保持することすら至難であって、しかもその崩壊は、きわめて激烈なものであらざるを得ない。それだけではなく、これらの組織の欠陥についていえば、これらの諸組織の間に多様性があるという一事でもって、多くの欠陥があることを確認するにいたるのであるが、こうした欠陥があるとすれば、習慣はたしかにそれを大いに緩和し、それとは気づかないが、欠陥の幾分かを避け、または矯《きょう》正《せい》さえもしたのである。これらの欠陥にたいしてわれわれは、習慣によるほどよく慎重にそなえることはできないだろう。そして最後にまた、これらの欠陥はほとんどつねに、それらの組織の変革よりも辛抱しやすいものである。それはたとえば山々の間をうねうねまわっている街道が、往来《ゆきき》がはげしくなるにつれてだんだん平らになり、便利になって、できるだけまっすぐに行こうとして岩をよじのぼり、絶壁の底に降りるよりは、この街道を行くほうがはるかによいのと同じである。

その素性によっても資産によっても公務の管掌を委ねられるような人間でもないくせに、つねに何か新しい改革を念頭におかずにはいられないような、騒々しくて落着きのない気質のひとたちを、わたしがどうしても認容できないのは、こうした理由によるのである。そして、かりそめにもわたしがこういう愚挙をあえてしたというような疑念を起こさせるような事柄が少しでも本書のなかにあると思ったら、わたしはその公刊を黙認したことを非常に遺憾に思うだろう。わたしの意図は、自分自身の思想を改革することに努め、まったくわたしに属する根底の上に建設すること以上にはけっして出なかった。わたしの著作がかなり自分の気に入ったというのでここにその見本を諸君にお目にかけるのも、これをまねることをすすめようと思ってのことではない。神からもっとゆたかな恩寵を分けあたえられたひとは、おそらくもっと高遠な計画を持つだろう。しかしわたしはこの見本さえ、多くのひとたちにはあまりにも大胆なものではないかと非常に危惧している。さきに信頼して受け容れたすべての意見から脱却しようという唯一の決意さえ、すべてのひとが従わなければならない模範であるというわけではない。世間はほぼこのような手本にはまったく適しない二種の人間だけから成り立っているようである。すなわちそのひとつは、自分を実際以上に有能であると信じて、どうしても性急に自分の判断をくださずにはいられず、自分のすべての思想を秩序だって導いていくだけの忍耐心を持ち合わさず、したがって一度かれらが従来受け容れて来た原理を疑い、常道から離れる自由を手にするや否や、まっすぐに進むために当然踏むべき小径《こみち》をたどることができず、一生さまよいとおす種類のひとである。もうひとつは、自分たちを教えることのできるひとたちよりは真偽を弁別する能力において劣っていると判断するだけの理性、または謙譲さを持ってはいるが、自分自身でよりすぐれた意見を求めるよりは、むしろ、他人の意見に追従《ついじゅう》することで満足してしまうような種類のひとである。

　ではわたし自身はどうかといえば、もしわたしがただひとりの師しか持たなかったか、あるいはもっともすぐれた学者の間につねに存在していたさまざまな意見の相違を知らなかったならば、わたしは疑いもなく後者の部類に属する人間だったであろう。ところがわたしは学院にいたころから、何らかの哲学者によってもいわれたことがなかったほど風変わりで、信じられない事柄を想像することは不可能なことを知っており、またその後旅行して、われわれとはまったく反対の意見を持っているすべての人間が、それゆえに野蛮であり、未開であるというわけではなく、それどころか、われわれと同様、あるいはそれ以上に、理性を働かせているということを認識するようになり、そしてまた、同じ精神を持つ同じ人間でも、子供の時からフランス人またはドイツ人の間に育った場合は、つねに中国人や人喰い人種の間に生活したならばかれがなるであろうところのものとはちがった人間になるということを考え、また着物の流行の末に至るまで、十年前にわれわれに気に入ったもの、またおそらくこれから十年もたたぬ間に再びわれわれの気に入るようになるであろうところのものと同じものが、現在ではどんなに突飛で滑稽に見えるかということを考え、わたしはまさに、どんな確実な知識よりも習慣や実例のほうがよりよくわれわれを説得するものであるということ、しかしそれにもかかわらず、ひとりの人間が発見しにくい真理を発見するということは、全民衆がそれを見いだすよりもはるかに真実らしいからして、賛成者が多いということは、多少とも発見しにくい真理にたいしては何の価値もない証明であると結論して、ほかのひとの意見よりはこのひとの意見のほうがよいと思われるようなひとを選び出すことができなかった。かくてわたしは自分で自分自身を導いていくほかはないと思った。

しかしながらわたしは闇のなかをひとり歩く人間のようにきわめてゆっくりと進み、すべてのことに周到な注意を払おうと決心したので、わたしはほんの少ししか前進しなかったが、少なくともころぶことだけはまぬかれることができた。わたしは、理性によって信念のなかに導き入れられたのではなく、いつのまにかそっと忍びこんで来た意見をすっかり棄ててしまうことから始めようとさえ思わなかった。これを棄ててしまうに先立って、わたしは自分が企てた著作の草案を立て、わたしの精神に可能なすべての事物にかんする認識に到達する真の方法を探求するため、十分の時間を費したのであった。

もっと若かった頃わたしは哲学の諸部門のうちで論理学を、そしてもろもろの数学のうちで幾何学者の解析法[6]と代数学を少し勉強した。これらの三つの技術あるいは科学は、わたしの計画にたいして若干の寄与をすることができると思われた。しかしながらそれらを検討してわたしはつぎのことを悟った。すなわち論理学についていえば、その三段論法および他の大部分の準則は、未知のことを知るのに役立つよりは、むしろ既知のことをほかのひとに説明するとか、または、リュルの術[7]のように、知らぬことを何の判断も加えずに話すのに役立つにすぎない。事実論理学はたくさんの非常に真実でよい法則を含んではいるが、なかには有害な、もしくは余計なものがまじっていて、それらを選りわけることは、おそらくあらごなしもしてない大理石の塊から、ディヤナやミネルヴァ〔いずれもローマ神話の女神〕を彫りあげるのと同じくらいむずかしいことである。つぎに古代人の解析法、近代人の代数学[8]についていえば、両者ともきわめて抽象的な事柄にだけおよんで、何の役にも立たぬように見えるばかりではなく、前者はつねに図形の考察に局限されているので、想像力を疲らせることなしには悟性を鍛えることができないし、後者にあっては、われわれは若干の法則と記号に隷属させられていて、その結果代数学は精神を錬磨しないでかえって困惑におとしいれる、雑然とした、わかりにくい術となっている。これがわたしが、この三つの学問の長所を含みながら、それらの短所からまぬかれているようなほかの何らかの方法を探求しなければならないと考えた理由であった。法律の数があまり多いとかえってしばしば悪徳に口実をあたえるもので、したがって国家はごくわずかの法律を持ち、それらの法律が厳守される場合に、もっともよく統治されるものである。それと同様で、よく守られて一度でもそれからはずれることはないという堅い、不変の決心さえすれば、わたしは論理学を構成している多数の準則の替りにつぎの四つの準則を持つだけで十分だと信じた。

第一は、わたしが明証的に[9]真理であると認めるものでなければ、どんな事柄でもこれを真実として受け容れないこと、換言すれば、注意深く速断と偏見を避けること、そして何ら疑いをさしはさむ余地のないほど明瞭かつ判明[10]にわたしの精神に現われるもの以外はけっして自分の判断に包含させないこと。

第二は、わたしが検討しようとするもろもろの難問のひとつひとつを、できるだけ、またそれらをよりよく解決するために必要なだけ、多数の小部分に分割すること。

第三は、もっとも単純でもっとも認識しやすいものから始めて少しずつ、いわば段階を追うてもっとも複雑なものの認識に至り、また自然的には相互に後先《あとさき》のない事物の間に秩序を仮定しながら、わたしの思考を秩序だって導いてゆくこと。

そして最後に、全般にわたって、自分は何ひとつ落さなかったと確信するほど完全な列挙と、広範な再検討をすること。

幾何学者がかれらのもっともむずかしい証明に到達するために使いつけている、きわめて単純で、やさしい、あの条理の長い連鎖は、わたしにつぎのように想像する機会をあたえていた。すなわち人間の認識に到達できるすべての事柄は、これと同じようにたがいにつながっているということ、もしわれわれが真実でないものを真実として受け容れることがないようによくつつしみ、一つの事柄をほかの事柄から演繹《えんえき》するのに必要な順序をつねによく守りさえすれば、高遠すぎていつまでたっても到達しえないとか、あまりにも深くかくれていて発見できないとかいったような事柄はあるはずがない、とわたしは考えた。それにわたしは何から始めるべきかを探求することにはそんなに苦労しなかった。というのはわたしはすでにもっとも単純で、もっとも認識しやすいものから始めるべきであるということを知っていたから。そして今日までの学問のうちに真理を探求したすべてのひとたちのうち、何らかの証明、すなわち確実で明証的な何らかの理由を発見できたのはひとり数学者だけであったということを考えて、わたしはこれらの数学者が検討したのと同じものから始めるべきだと信じて疑わなかった。もっともわたしはそうした証明がわたしの精神を、真理に専念し、誤った理由に満足しないように習慣づけるだろうということ以外には何の効用も期待しなかったのではあるが。しかしわたしはこのために一般に数学と呼ばれている、あの特殊科学を全部学ぼうとは思わなかった。これらの数学は、その対象とする事物がちがっているが、そこに存在する種々な関係または比例だけを考究するものだという点では一致せざるをえないということから考えて、わたしは、ただこれらの比例一般をば、それも認識をいっそう容易にするような問題にだけ仮定し、しかも後になってこの比例があてはまるすべての事物にそれだけよく適用できるように、その問題だけに限らないで、検討したほうがよいと思った。つぎに、この比例を認識するためにしばしばそれらをひとつひとつ個別的に考究したり、また数個の比例をいっしょにして単に記憶にとどめるとか、あるいは理解するとかいう必要も生じるだろうということに気がついて、わたしはつぎのように考えた。すなわち線以上に単純で、わたしの想像力や感覚にこれ以上明晰《めいせき》に描いて見せることのできるものは見いだせなかったので、この比例を個別的にいっそうよく考察するためには線として想定すべきだということ、しかしながら数個の比例をいっしょに記憶し、あるいは理解するためには、できるだけ短い数字でもって説明しなければならないということ、そしてこのような方法によって、幾何学的解析と代数学のすべての長所を借りて、一方の短所はすべて他方で訂正しようと考えたのであった[11]。

事実わたしは、はばからずに申しあげるが、わたしがさきに選びだしたあのわずかばかりの準則を厳格に守ることによって、このふたつの科学の領域にあるすべての問題をまことに容易に解くことができた。それは、もっとも単純でもっとも一般的なものから始めて、発見したおのおのの真理をほかの真理の発見に役立つ規則とすることによって、これらの科学を検討するのに二、三か月しか費さなかったのに、以前には非常にむずかしいと思ったたくさんの問題を解決してしまったばかりではなく、しまいには、以前は知らなかった難問さえ、どんな方法によって、またどの程度に解決が可能であるかを決定することができると思われたほどである。こう申しあげたところで、もし諸君が、ひとつひとつの事物について真理はただひとつしかないのであって、この真理を発見するひとはこの事物についておよそわれわれが知りうるかぎりのことを知っているのだということを考えられ、またたとえば算術を習った子供は、その規則に従って加算した場合、かれが検出した総和については、人間精神が発見できると思われるすべてのことを発見したと確信することができるということを考えられるならば、以上わたしが申しあげた点において、わたしはおそらくそれほど傲慢《ごうまん》ではないと考えられるだろうと思う。けだし、つまるところ、真の秩序に従い、また探求しつつある事物にかんするすべての状況を正確に列挙することを教えるところの方法は、算術の諸規則に確実性をあたえるすべてのものを包含しているのだから。

しかしながらわたしがこの方法にいちばん満足を感じたのは、この方法によって、自分の理性を何事につけても、よし完全にではないにしても、少なくとも自分の力のおよぶかぎりよく使用しているという確信をえたことであった。なおまたこの方法を実際に使用することによって、わたしは自分の精神がだんだんその対象をもっとはっきりと、もっと判明に理解することになれてゆくのを感じた点、ならびにこの方法を少しもある特殊の問題だけに従属させないで、わたしが代数学の難問にたいしてしたと同様に、ほかの諸科学の難問題にたいしても同じように有効に適用することを期待した点にもまた満足を感じた。しかしだからといってわたしは、現われてくるだろうところの難問を、何でもかでも検討しようと最初からあえて企てたというわけではない。というのは、このようなことこそ、この方法が命じている秩序に反するものであったであろうから。しかし、それらの科学の諸原理はすべて哲学から借用されるべきであるが、この哲学のなかにわたしはまだ何ひとつ確実な原理を見いだしていなかったということに気がついて、わたしは何よりもまず哲学において、それを打ち立てることに努力すべきであると考えた。そしてこのことは何よりも重要なことであり、かつ早合点や偏見はこの場合いちばん恐れなければならないことだったから、当時わたしは二十三歳であったが、もっと円熟した年齢になるまえにこのようなことをやりとげようと企てたりすべきではないと考えた。それに先立ってわたしの精神から、すでにわたしが受けていた悪い見解をすっかり根絶してしまうとともに、あとで自分の推理の材料にするためにたくさんの経験を積んで、わたしが自分に規定した方法においてだんだん自分を強化してゆくように、その方法をたえず練習することにより、上に述べた目的にむかって自分を準備することに多くの時間を費さねばならないと考えた。

1　デカルトがここでいっているのは三十年戦争で、かれはパラティン伯フレデリックと戦うため軍隊を募っていたババリヤ公マキシミリヤンの軍隊に加わった。

2　ボヘミヤとハンガリアの王であったフェルディナンド二世が、一六一九年ドイツ皇帝となり、フランクフルトで戴冠式を挙行した。

3　これは南ドイツのウルム近傍の村であろうといわれている。

4　デカルトが連想していたのは疑いもなくアテナイのソロンやスパルタのリクルゴスである。当時はこれらの立法者がアテナイやスパルタの法律をつくったと一般に考えられていた。これはもちろん今日の史学が確実な史料にもとづいて反駁しているところである。

5　デカルトは最初『宇宙』と題するかれの自然哲学を取り扱った著作を書いた。ところがこれを印刷に付そうとした矢先に起こったのが、ガリレイの迫害事件で、そのためかれは『宇宙』の公刊をさしひかえた。かれは生涯これを公にしなかったが、そのなかで取り扱われている思想の概要は、『序説』のなかで述べられている。かれがここで「自分の気に入った著作」といっているのは『宇宙』であり、「見本」といっているのは『序説』である。この間の事情は、本書第六部でもっと詳しく述べられている。

6　これは現代の解析幾何（すなわち代数の幾何への応用）のことではない。ここでいう幾何学者はアレキサンドリヤ時代のパップスその他をさす。「アナリーズ」は元来ギリシャ語では「遡及的解法」を意味し、問題の答をまず仮定し、この仮定から種々の結論を引きだし、その結論をもちいて遡及的に問題を解決する方法のことで、アレキサンドリヤの幾何学者は、作図によって幾何学上の問題を解いた。かれらのなかに幾何の問題を解くのに代数を応用しようという考えが若干ないわけではないが、それはきわめて漠然としており、かれらを今日の解析幾何学の創始者と見なすことはできない。解析幾何学は、デカルトによって端緒を開かれ、パスカル、フェルマらによって逐次完成されたものである。

7　レイモン・リュルは中世のフランシスコ派の修道僧（一二三五―一三一五年）で、不信者にキリスト教の真理を証明し、これを改宗させる『大術』という本を著した。その弟子たちはそれを広くいっさいの問題にかんする観念に発展させ、結論を証明する方法と解した。デカルトは一六一九年旅行の途次、ドルトレヒトの宿舎で、そういう博識を振りまわす一老人に遭ったらしい。

8　クラヴィウス（一五三七―一六一二年）その他の代数学をさす。クラヴィウスは「十六世紀のユークリッド」と呼ばれるひとで、グレゴリウス一三世の暦法（太陽暦）の創定に協力した。

9　対象がわれわれの精神に現われるや否や、推理を経ないで、われわれが直観的に真理であると認識するほど明らかなこと。

10　デカルトはこれをつぎのように定義している。「わたしは、注意している精神に現われてきて、明らかな認識を明瞭と呼ぶ。きわめて正確でほかのすべての認識から区別されるので、そのなかにそれを正しく考察するひとにはっきり現われてくるようなものしか含んでいない認識を、判明と呼ぶ。」（『哲学原理』第一部四五）

11　これがすなわち「解析幾何学」である。

第三部

さて最後に、住んでいる家の建て直しに着手するまえに、それを取りこわし、いろんな材料や建築技師らを用意し、あるいは自分自身で建築学を学び、かつまた周密に建てるべき家の図面を引いただけでは不十分で、工事ちゅう居心地よく住むことができるような家をほかに造っておかなければならないように、理性がわたしをさまざまの判断において未決断でいることを強制している間も、自分の行為においては未決断でいないために、またすでにその時からできるだけ幸福に生活することをやめないために、わたしはかりに三、四の格率からなるひとつの道徳律を作った。以下にそれを諸君に伝えよう。

この格率の第一は、わが国の法律および習慣に従うことである。神の恵みによって、自分が子供の時からそのなかで教育されてきた宗教[1]をつねに信奉し、ほかのすべての事柄においては、わたしが生活をともにしなければならないひとたちのなかでもっとも良識あるひとびとによって実践上広く承認されている、いちばん穏健な、極端からいちばん遠ざかった意見に従って身を修めるということであった。というのは、当時からわたしは自分の意見はことごとく検討に付そうと思っていたので、自分自身の意見は無視し始めておったからして、いちばん良識ゆたかなひとたちの意見に従うにこしたことはないと確信していたからである。そしておそらくペルシャ人や中国人の間にも、われわれフランス人の間におけると同様、良識あるひとびとがいるであろうが、わたしには自分がともに生活するひとびとに従って自分を規制してゆくことがもっとも有益であると思われたし、またかれらの意見が真実どのようなものであるかを知るためには、かれらのいうところよりもむしろおこなうところに注意すべきであると思われた。というのは、単にわれわれの頽廃《たいはい》した風儀のなかでは、自分が信じていることをすっかりいおうと思うようなひとはほとんど見当たらないばかりではなく、多くのひとは自分自身の信じていることを自分では知らないからである。けだし、われわれがあることを信じる思惟《しい》の作用は、われわれがそれを信じていることを認識する作用とは異なったものであって、この両者はしばしばたがいにも一方をともなわないで存在するからである。さらにわたしは、同じように認容されているいくたの意見のなかでも、いちばん穏健なものだけを選ぶことにした。というのは、穏健なものはつねにおこなうのにいちばん好都合で、極端なものはすべて悪いのが通例で、穏健なものはおそらく最善のものであるという理由からばかりではなく、穏健な意見に従えば、よしやりそこねた場合でも、極端な道のひとつを選んで、当然従うべきである道とはちがった道を行くよりは、真の道からそれることが少なくてすむからである。なおとくにわたしは少しでも自由を狭めるような約束はすべて極端の部類へ入れた。しかしそれは、薄弱な精神の動揺を矯正するために、何らかの善い計画を持っている時とか、また商業の安全のためどちらでもよさそうな計画を持っている時とかに、遵奉を強制する宣誓または契約を認めている法律を認容しないからではなくて、この世にはいつまでも同一の状態にとどまっているものはひとつもないことを知っていたからであり、とくにわたしは、おいおい自分の判断を完成し、けっして悪くすまいと決心していたので、あることを是認したがために、あとになって恐らくそのことが善であることをやめ、あるいはわたしが善だと評価することをやめた場合でも、なおそれを善だと認めざるをえないとしたらば、わたしは良識にたいして大きな罪を犯すことになる、と考えたからである。

わたしの第二の格率は、自分の行為においてわたしにできるかぎり断固かつ毅然とした態度をとることで、きわめて疑わしい意見でも、一度これと決心した以上は、それがきわめて確固とした意見であるかのように、それと同じくらいの動かぬ心をもって、これに従うということであった。この点でわたしはどこかの森のなかで道に迷った旅人をまねた。かれらはあちらに行き、こちらに行きして、ぐるぐるさまよい歩いてはならないし、といってまた一か所にとどまっていてもいけない。かれらは同じ方角にむかってできるだけまっすぐにたえず歩いて、たとえ最初かれらにこの方角を選ぶ決心をさせたのが偶然だけであったとしても、薄弱な理由によってけっしてそれを変えてはならない。というのは、こうした方法で、かれらはまさに望む所へ行き着かないにしても、少なくともどこかへは行き着くはずであり、それは森のなかにいるよりはおそらくましだろうから。これと同じで、実生活上の行為は一刻の猶予も許さないものだから、いちばん真実な意見を見分ける能力がわれわれにない場合には、いちばんそれらしい意見に従わなければならない。またわれわれがどの意見により多くの蓋然性を認めるべきであるかわからない場合でも、われわれはどれかに決心しなければならないし、一度決心した以上は、実践にかんするかぎり、疑わしいものとしてではなく、われわれをしてそれに決心させた根拠は真実で確実なものだという理由からして、それは真実で確実なものと考えなければならない。このことは、あとに至って悪いと判断することをば、いまは善だとして無定見に実行する意志薄弱で動揺している人間の良心を悩ましがちなすべての悔恨や呵責《かしやく》から、そのとき以来わたしを解放する力を持っていた。

わたしの第三の格率は、つねに運命よりも自分に克つことにつとめ、世界の秩序よりも自分の欲望を変えるように努力すること、および一般的にいえば、自分の思想をのぞいては完全にわれわれの力の範囲内にあるものは何にもないのであるから、われわれにとって外部的な事物にかんしては、最善をつくしたのち、成功しないすべてのものはわれわれにとって絶対的に不可能な事柄であると信じるように習慣づける、ということであった。そしてこの格率だけでも、わたしが手に入れることのできないものは、将来ともいっさい望まず、したがって自分で満足するようにするのには十分であると思われた。というのはわれわれの意志は、われわれの悟性が何らかの仕方で可能だと提示した事柄でなければ望まないように自然に仕向けられているから、もしわれわれが、われわれの外にある財産をすべてわれわれの力から等しく遠いものと見なせば、われわれの過ちで財産がない場合は別として、そうでない場合には、われわれの出生に当然属すべきだと思われる財産がないからといって、シナやメキシコ王国が自分の所有でないのを遺憾に思わないのと同様に、それを遺憾とは思わないだろう。そしてまたよくいわれるように、やむをえず徳を守ったにしても、ダイヤモンドのように腐らない体や、鳥のように飛べる翼を持とうと望まないのと同じように、病んで健康ならんことを願い、囚われの身でありながら自由をこいねがうこともないだろう。しかしわたしは、万事こういうふうに眺める習慣がつくまでには、長いあいだの鍛錬とたびたび繰り返される省察とが必要であることを認めざるをえない。そしてわたしは、むかしの哲学者たち〔ストア派〕が、幸運の帝国を見棄てて、苦しみや貧困にもかかわらず、かれらの神とその福祉を競争することができた秘訣《ひけつ》は、主としてこの点にあると信じている。というのは、自然によって予め定められた限界を考えることにたえず専念していたかれらは、思想以外には自分の力の範囲内にあるものはひとつもないということを完全に納得していたからして、そのことだけでほかの事物にたいするどんな愛着をも防ぎ止めるに十分だったのである。それでかれらは自分の思想を絶対的に自分の思うとおりにしていたからして、こういう哲学を持たないがために、自然や幸運に最大限に恵まれていながら自分の望むすべてのものを自由に処理しえないひとびとよりも、自分ははるかに富んで、力にみち、自由で幸福であると考えたのも若干の理由がなくはなかった。

最後にこの道徳の結論として、わたしはひとびとがこの世界で持っている各種の職業をひとわたり調べて、最善のものを選ぼうと思った。他人の仕事については何もいうまい。ただわたしは自分がやっていた仕事をつづけてゆくこと、すなわち理性を教化し、自分が自分できめた方法に従って、力のおよぶかぎり真理の認識に前進してゆくために一生を費すということ以上によいことはできないと考えた。この方法をもちい始めて以来、わたしはこの世に自分以上に、たのしい、邪念のない満足を味わうことのできるひとはだれもいないだろうと信じたほど、大きな満足を感じていた。そしてこの方法によって、自分にはかなり重要だと思われ、しかも一般にはほかのひとびとによって知られていない若干の真理を毎日のように発見して、わたしがそれについて抱いた満足感は、ほかの事柄はすこしもわたしを感激させなかったほど、わたしの精神をみたしたのであった。かつまた上記の三つの格率は、もっぱら、自己を教化しつづけてゆこうというわたしの抱いた計画にもとづいたものであった。というのは、神は各人に真を偽から分ける若干の光明〔理性〕をあたえているのだから、もし時機が到来した暁には他人の見解を検討するためにわたし自身の判断をもちいる心組みでなかったならば、わたしは一瞬といえども他人の意見で満足すべきであるとは信じなかっただろう。またもし、他人の意見のなかによりすぐれたものがあった場合、それを発見するどんな機会も逃さないことを期待しているのでなかったならば、わたしは他人の意見に従いながら不安にたえなかっただろう。そして最後に、たしかにこの道によって自分に可能なありとあらゆる知識を獲得できると確信し、同一の手段によって自己の力の範囲内にある真の財宝をすべて獲得できると確信してこの道をとったのでなかったならば、自分の欲望を制限することも、またみずから満足することもできなかっただろう。われわれの意志はどんな事柄でも、悟性がかれに善い悪いを示してくれるのに応じて始めてその事柄に従ったり、あるいはそれを避けたりする気になるものである以上、善く行為するためにはよく判断し、最善をつくすためには、すなわちあらゆる美徳とともにわれわれが獲得できるほかのすべての善も獲得しようがためには、できるだけよく判断をくだすだけで十分である。そしてわれわれが、たしかにこうだと確信する時にはわれわれはきっと満足できるだろう。

このように以上の格率を確信し、それらをば、つねにわたしの信念において首位を占めていた信仰の真理とともに別にしたのち、わたしは自分の意見の残りのすべてにたいしては、それらから脱却することを自由に企図することができると判断した。そしてわたしはこれらのすべての思想を獲得した暖炉部屋にそれ以上長く閉じこもるよりは、ほかのひとたちと交わるほうが所期の目的を達するのに好都合だと考えたので、冬がすっかり終わらぬうちに[2]再び旅に出た。こうしてその後まる九年間[3]というもの、わたしはそこで演じられているあらゆる芝居で、俳優となるよりは、むしろ見物であろうとつとめながら、世間をあちこちとたどり歩く以外には何にもしなかった。そしてあらゆる事柄について、疑えば疑えるような、またわれわれに誤解する機会をあたえそうな事柄についてとくに反省を加えながら、以前に自分の精神のなかに忍びこんだありとあらゆる誤謬をその間に根絶したのであった。しかしそれがためにわたしは、疑うためにだけ疑い、つねに不決断でいることをてらっている懐疑論者たちをまねたのではなかった。というのは、かれらとは反対に、わたしの意図は確信をえることだけを、岩石または粘土を見いだすためにぼこぼこした土や砂を取りのぞくことだけを指向していたのだから。このことはかなりうまくいったとわたしは思っている。というのは、薄弱な臆測によってではなく、明白でたしかな推理によって、わたしが討究しつつあった諸命題の虚偽または不確実さを発見しようと努力したかぎりでは、わたしはそこから十分にたしかな何らかの結論を引きだすことができないほど疑わしい命題には一度も出会わなかったからである。時にはこの結論が、命題は何らたしかなものを含んでいないというにすぎない場合もあるにはあったけれども……。そしてふるい住居を取りこわした場合、普通その取りこわした材料を新しい家を建てるのに利用するため取り除けておくように、自分の意見のなかで、基礎がたしかでないと判断したすべてのものを破壊してしまう場合にも、わたしはいろいろの観察をし、たくさんの経験をえた。わたしはそれらをあとになってもっとたしかなものを建設する際に役立てたのであった。のみならずわたしは自分自身に規定した方法を練習しつづけた。というのは、一般的に自分のすべての思想をこの方法の規則によって導くよう配慮したほかに、わたしはときどき時間をさいて、とくに数学の難問、または数学の難問にほぼ匹敵させることができるようなほかの若干の難問——わたしはそれらをわたしがあまりたしかでないと思っていたほかの諸科学のすべての原理から切り離した——にこの方法を適用するためにもちいたのであった。本書で説明されているいくたの難問にわたしがそれを適用したことは諸君がやがてごらんになるだろう。こういう具合にしてわたしは、静かな邪念のない生活をすること以外にはこれといった職業もなく、快楽を悪徳から切り離すことに専念したり、退屈せずに余暇をたのしむために、ありとあらゆる辱しからぬ気晴らしをするひとたちと見たところは少しも変わったところのない生活をしながら、たえず自分の企図を追求し、また真理の認識にそれを利用することをやめなかった。このようにしてわたしは、おそらく本を読んだり、学識あるひとたちと交際したりすることによってだけえることができたであろうと思われる以上にえるところがあったように思う。

しかしながらこの九年の月日は、いつも学者のあいだで論議されているもろもろの難問にかんしては何らえるところなく、また俗流哲学〔スコラ哲学〕以上に確固とした哲学の基礎の探求に手をつけることもなしに過ぎ去ってしまった。そしていままでにもこうした企図を抱いたが、それに成功しなかったように思われるいくたのすぐれたひとたちの実例は、わたしに多くの困難を予想させた。この困難は、もし一部のひとがすでにわたしがそれに成功しているという噂《うわさ》をばらまかなかったならば、わたしはおそらくこんなに早くそれを企てなかったであろうほど多かった。わたしはかれらが何をもとにしてそんな評判を立てたのか知らない。もしわたしが二、三の談議によってそんな噂に何らかの拠り所をあたえたとするならば、それはわたしが、少しばかり勉強したひとが普通やるよりももっと率直に、自分の知らないことは知らないと告白したからにちがいないし、またたぶんどんな学説も誇示せずに、むしろほかのひとたちが確実だと見ているいくたの事柄をばわたしが疑った理由を示したからにちがいない。しかしわたしは実際の自分とはちがったふうに取られることを望まないだけの善良な心を持っていたので、わたしはあらゆる手段をつくしてひとびとがわたしにあたえた評判に値するように努力しなければならないと考えた。そしてちょうど八年前、[4]この希望がわたしをして、知人のいそうなあらゆる場所から遠ざかって、この地[5]にひっこむ決心をさせたのであった。この国では、長くつづいた戦争[6]の結果、秩序を確立して、そこに維持されている軍隊はいよいよ安心して平和の果実を楽しませることだけに奉仕しているかのように見えるし、またここでは非常に活動的な、他人の仕事に好奇心を持つよりは自分自身の仕事に気をくばっている大国民の群衆のあいだにあって、きわめて繁華な大都会でなくてはえられない便宜を何ひとつ失うことなしに、しかもっとも人里離れた淋しい所にいるのと同じくらい孤独で、隠退した生活をすることができたのであった。

1　これを文字どおりに解すればカトリック教ということになるが、デカルトがオランダでつくった私生児フランシーヌを新教で教育していることは注目すべきことである。だからかれの場合、どの宗教をとるかということは、その子供が生まれ、成長する国の宗教ということになる。これはモンテーニュの原則でもあった。

2　一六一九年三月または四月頃。

3　この時期のデカルトの移転個所の詳細はわれわれにはわかっていない。確実な資料にもとづいてわかっているのは以下のとおりである。一六二二年四月三日レンヌ（フランス）、一六二三年三月―五月イタリア旅行、一六二五年六月ポワトゥ（フランス）、一六二六年パリ、一六二八年一月および三月ブルターニュ、ついで再びオランダへ向かうまでパリ。

4　一六二八年九月末頃。

5　すなわちオランダ。

6　スペインにたいするオランダ独立戦争をさす。この戦は一五六八年に始められ、一六〇九―一六二一年の休戦の十二年間だけ停止されたが、ミュンステルの国会（一六四八年）に至るまで継続した。

第四部

わたしがこの地でなしとげた最初の諸省察を諸君にお話しすべきかどうかはわたしにはわからない。というのは、それはあまりにも形而上学的で、一般的でないものであるため、すべてのひとびとの好みに合うものというわけにはゆかないだろうから。しかしながらわたしが選んだ基礎が十分堅固なものであるかどうかをひとびとが判断できるように、わたしはそれについて話すことを何らかの形で強制されている。上に述べたようにわたしは習俗については時として、非常に不確かだとわかっている意見にも、あたかもそれが疑う余地のない意見であるかのように従う必要があるということを、ずっと以前から見て取っていた。しかし当時わたしは真理の探求に専念したいと望んでいたので、これとはまったく反対のことをしなければならないと考えていたし、また少しでも疑問をさしはさむ余地のあるものは全部、絶対的に虚偽なものとして放棄しなければならないと考えた。それは、そうしたあとでわたしの信念のなかになんら疑う余地のない何かが残るかどうかを見とどけるためであった。こういう次第でわたしは、感覚はしばしばわれわれをだますものだから、どんなものでも感覚がわれわれに想像させるとおりのものとしてはけっして存在するものでないと仮定しようと思った。それからわたしは、幾何学上のもっとも単純な事柄にかんしてさえ、推理をまちがえて、背理《パラロギスム》におちいるひとがいるのだから、自分もまたほかのひとと同様まちがいを犯しかねないと判断して、以前は論証と見なしていたすべての論拠を虚偽として棄ててしまった。最後に、われわれが眠っている時にも覚めている時に持つのと同じすべての思想が現われてくるが、その場合には真実の思想はひとつもないということを考えて、わたしは自分の精神のなかにはいりこんでいたすべての事柄を、夢のなかの幻想と同じように真実でないと仮定しようと決心した。しかしその後ですぐにわたしはつぎのことに気がついた。それはすなわち、このようにすべてのものを虚偽と考えようと欲していた間にも、そう考えている「わたし」はどうしても何ものかでなければならないということであった。そして「わたしは考える、だからわたしは存在する」というこの真理は、懐疑論者のどんなに途方もない仮定といえどもそれを動揺させることができないほど堅固で確実なのを見て、わたしはこれを自分が探求しつつあった哲学の第一原理として何の懸念もなく受け容れることができると判断した。

つぎにわたしは注意してわたしとは何であるかを検討して、自分はどんな肉体も持たず、また自分のいるどんな世界もどんな場所もないのだと想定することはできるが、しかしそのことから、自分は存在しないと想定することはできないということ、反対に、自分がほかの事物の真理を疑おうと考えているというそのことからして、きわめて明証的に、きわめて確実に、わたしは存在する、との結論が生じるということ、だのに一度自分が考えることをやめたならば、わたしは自分が想定していたほかのすべてのことが真実であったとしても、わたしは存在すると信じるどんな根拠もないということから見て、わたしは、自分はその全本質または本性が、考えるということにだけあって、存在するためにはどんな場所も必要とせず、またどんな物質的な物にも依存しないところのひとつの実体であることを識った。したがってこの「わたし」、すなわちわたしがそれによってわたしであるところの霊魂は肉体からまったく区別されたものであり、それは肉体より認識しやすいものであり、肉体が存在しなくても、それが本来あるがままのものであることをやめないだろう。

以上のことのあとでわたしは、ひとつの命題が真実でかつ確実であるために必要とされる事柄を一般的に考えてみた。というのは、わたしはいましがた真実で確実であることをわたしが知っているひとつの命題を発見したのだから、この確実性が何において成立しているかもわかるはずだと考えたからである。そしてわたしは「わたしは考える、だからわたしは存在する」というこの命題のなかには、自分がたしかに真理を語っているのだという確信を抱かせるものは、考えるためには存在しなければならないということをわたしが非常に明瞭に認めているということ以外には何もないことを見て取って、わたしは、われわれが非常に明瞭かつ判然と心に思い描くものはすべて真実であるということを一般的な規則にすることができると考えた。ただわれわれが判然と心に描くものが何であるかをはっきり見て取ることには若干の困難があるということも考えた。

以上のことにつづいて、わたしが疑っているということ、およびだから自分の存在はまったく完全であるといえないこと——というのはわたしは疑うことよりも知ることのほうがより大きな完成であると明白に見て取ったから——について反省してみて、わたしは自分よりももっと完全な何ものかを考えることをどこから学んだかを探求してみようと考えた。そしてわたしは、それは事実においてわたしより完全なある本性からでなくてはならないと明証的に認識した。わたしの外にある多くのもの、たとえば天、地、光、熱その他千万のものについていてわたしが持っていた思想にたいしては、わたしはたいして苦労しなくても、それらがどこからくるかを知ることができた。というのは、これらの事物のなかには、それらのものをわたしよりもすぐれたものにするように思われる何ものも存在しないことから、わたしは、もしそれらのものが真実だとすれば、それらのものは、わたしの本性がいくらかでも完全性を持っているかぎりにおいて、わたしの本性に依存したものだからであり、もし真実でないとすれば、それはわたしがそれらを虚無からえるのである、換言すればそれらはわたしに欠点があるためにわたしのなかに存在するのである、と信じることができたからである。ところがわたしの存在よりも完全な存在の観念については、これと同日には論じられなかった。というのはそれを虚無からえるということは明らかに不可能であったし、またもっとも完全なものが、もっとも不完全なものの帰結であったり、依存物であったりするというのは、無から何かが生まれるというのにおとらず矛盾であるからして、わたしはわたしよりも完全な存在の観念をわたし自身から導きだすことはできなかった。そうすると、このような観念は、わたしよりもほんとうに完全で、しかもそれ自体のなかに、ありとあらゆる完全さ——わたしはそれについて若干の観念しか持ちえない——をそなえたあるひとつの本性、すなわち一言でいえば神であるところの本性によって、わたしのなかにおかれたものであるとしか考えられなかった。これになおわたしはつぎのことを付け加えた。それはすなわち、わたしは自分の持ち合わさない若干の完全さを知っているのだからして、わたしは存在する唯一の存在（ここでわたしに学院の用語を自由に使うことを許していただきたい）ではなくて、わたしがそれに依存し、わたしの持っているすべてのものをわたしがそれからえているところの、もっと完全な何ものかがどうしても存在しなくてはならないということであった。というのは、もしわたしがただひとりで、ほかのすべてのものから独立していたとすれば、したがってわたしがどんなにわずかばかりでも、完全な存在から分かちあたえられたものを、自分自身で持っていたとすれば、同じ理由によって、わたしが自分に欠けていると自分で認めているほかのすべてのものを持つことができたであろうし、こうしてわたしは無限で、永遠で、不易で、全知全能なわたし自身であることができたであろうし、ついにはわたしは神のうちに存在すると認めることのできるありとあらゆる完全性を持つことができるであろうから。何となれば、わたしが上におこなった推論に従うと、神の本性を、わたしの本性が可能であった範囲で認識するためには、わたしのなかにそれについて何らかの観念が発見されるところのあらゆるものについて、それらのものをわたしが持っていることが完全であるか否かを考察すれば、それでよかったからである。そしてわたしは、何らかの不完全さを示すようなものはひとつも神のうちにはなく、しかもほかのすべてのものはそこにあると確信した。たとえばわたしは、懐疑、無常、悲哀、その他これに類するものは、わたし自身そういったものからまぬがれたいと思うものであるから、神のうちにはありえないものであると思った。それから以上のほかにわたしは感覚的で、物体的なたくさんの事物について観念を持っていた。というのは、たとえ自分は夢を見ているので、自分が見たり、想像したりするものはすべて偽りであると仮定したとしても、それらにかんする観念が真実わたしの思惟のなかに存在することをわたしは否定することができなかったから。しかしわたしはすでに叡智的本性は物体的本性とは区別されることをわたし自身のうちにきわめて明白に認識していたから、すべて合成は依存を証明するものであり、依存は明らかに欠陥であることを考え合わせて、そのことからわたしは、これらのふたつの本性から合成されているということは神のうちにあっても完成であることができず、したがって神は合成されたものではない、むしろ、もし世界に何らかの物体あるいは叡智あるいは本性があって、それらがまったく完全なものではないとすれば、かれらの存在は神の力に依存していて、一瞬間といえども神なしには存在しえないはずである、と判断した。

そののちわたしはほかの真理を探求しようと思い、幾何学者の対象を自分自身に提起した。この対象をわたしはひとつの連続した物体、すなわち長さ、幅、高さまたは深さにおいて無限に広がり、そして種々の形と大きさを持ち、どんなふうにでも動かされ、位置を変えられることの可能な、種々な部分に分割することのできる空間と理解した。というのは、幾何学者たちはかれらの対象において、こうしたすべてのことを仮定しているから。わたしはかれらのもっとも単純な証明の若干のものに目を通した。そしてわたしは、すべてのひとびとがこれらの証明に帰しているあの大きな確実性は、わたしがさきに述べた規則に従って、われわれがそれを明証的に理解するという点にだけ根拠があるということに気がつくと同時に、わたしはそれらの証明のなかには、その対象が存在していることをわたしに保証するものは何にもないことに気がついた。というのは、たとえば三角形を仮定すれば、その三つの角は二直角に等しくなければならないということをわたしはよく知っていたが、しかしだからといってこの世界にこうした三角形が存在することを保証するものをわたしは見なかった。これにひきかえ、完全な実体についてわたしが持っている観念の検討に立ち帰るならば、わたしは、三角形の観念のなかにはその三つの角〔の和〕は二直角に等しいということが含まれ、また球の観念のなかにはその〔表面の〕各部分は中心から等距離にあるということが含まれているのと同様に、あるいはそれ以上明証的に、存在するということがこういう完全な存在物の観念のなかに含まれているということ、したがって完全な存在である神がある、すなわち存在するということは、少なくとも幾何学の何らかの証明が確実でありうるのと同じくらいに確実であるということに気がついた[1]。

しかし多くのひとは神を認識すること、否自分たちの霊魂が何であるかを認識することさえ困難であると信じているが、それはかれらが自分の精神を感覚的な事物以上に高めないからであり、かれらは映像を思いうかべてでなければどんなものをも抱懐しないこと――これは物質的事物にたいする特有な思考方法である――になれている結果、映像を思いうかべることのできないものは、かれらには認知することができないかのように思われるからである。このことは学院においてさえ哲学者たちは、最初感覚のなかになかったものはすべて悟性のなかにはない、ということを格率と見なしているということに照らしてみても明らかである。ところが神や霊魂の観念が感覚のなかにはけっしてなかったことはたしかである。わたしの見るところでは、これらの観念を把握するためにかれらの想像力〔映像を作る力〕をもちいようと思うひとたちは、音を聞いたり匂いをかいだりするために眼をもちいようとするひととまったく同じことをやっているのである。もっともこの場合視覚も嗅覚《きゅうかく》も聴覚以上に対象の真理性をわれわれに保証するものではなく、これに反しわれわれの想像力も感覚も、悟性がそこに介入するのでなければ何にもわれわれに保証できるものではないというちがいがあるにはあるが……。

最後に、わたしが上に述べた理由によってもなお神ならびにわれわれの霊魂の存在を十分に納得しないひとがあるならば、わたしは、かれらがおそらくそれよりたしかなことだと考えているほかの事柄、たとえば肉体を持っているとか、星や地球が存在しているとか、その他これに類似の事柄が、それほどたしかなことではないということを知ることを希望する。なぜなら、こうした事物についてわれわれが実践的確実性を持っていて、法外なひとでないかぎりこの確実性を疑うことができないかのように思われるけれども、しかし形而上学的確実性を問題とする場合には、没理的にならないかぎり、つぎのことは否定できないからである。すなわち以上のことを完全に確信にしないためには、われわれは眠りながらさきと同じように、そこには何もありはしないのにほかの肉体を持ち、またほかの星、ほかの地球を見ていると想像することができるということに気づくということだけで十分である。というのは、夢のなかに現われる思想が、そうでない思想にくらべて、しばしばそれらにおとらず生彩があり鮮明であるところから察すると、われわれは何によって夢のなかに現われた思想がそうでない思想よりも誤っているということを知るのか。そしてきわめてすぐれた頭脳の持ち主が思う存分これを研究してみたところで、わたしは神の存在を仮定しないかぎり、かれらがこの疑問を取りのぞくのに十分な何らかの理由を提案できるとは信じない。というのは、まず第一に、わたしがさきにひとつの規則としてあげた事柄、すなわちわれわれが明瞭かつ判明に心に思い描くところのものがすべて真実であるということさえ、神がある、あるいは存在するということ、神はひとつの完全な存在であり、われわれのなかにあるすべてのものは神から由来するものであるという理由によって初めて確実なのである。このことからして、われわれの観念または概念は、それらが明瞭かつ判明であるかぎり、客観的事実であり、神から由来するもので、それゆえにこそ真実であらざるをえないのだ、ということになる。だからわれわれがかなりしばしば虚偽を含んだ観念なり概念なりを持つことがあるとすれば、それはこうした観念なり概念なりが、混沌《こんとん》として曖昧《あいまい》な何かを含んでいるからでなければならない。というのは、それらは虚偽を含んでいるという点で虚無と同じ性質を持っているから。ことばを換えていえば、それらはわれわれが完全無欠なものではないという理由だけで、われわれのなかでこのように漠然としているのである。それに、虚偽または不完全性が虚偽または不完全性であるかぎり、それが神から出たということは、真理または完全性が虚無から出たとするのにおとらず道理に合わないことは明らかである。ところが、もしわれわれが、われわれのうちにあって現実的で、真実なすべてのものが、完全かつ無限なひとつの存在から由来することを知っていないとしたならば、われわれの観念がどんなに明瞭で判明であっても、われわれはそれらの観念が、真実であるという完全性を持っていることをわれわれに保証する何らの理由も持たないだろう。

さて、神と霊魂の認識がかようにこの規則を確固なものにしたあとでは、睡眠中に想像する夢想が、覚めている時にわれわれが持つ思想の真実性を少しも疑わせる理由とはならないということを知るのは至って容易である。というのは、もしわれわれが睡眠中に非常に明瞭な何らかの観念を持つようなことが起こったとしても、たとえば幾何学者が何か新しい証明を発見したといったようなことが起こったとしても、眠りはそれが真実であることを妨げないから。それからわれわれの夢のいちばんありふれた誤謬についていえば、それはわれわれの外的感覚があたえるのと同じ具合にさまざまの対象をわれわれに表象してみせるということのうちにあるが、こうした誤謬は、たとえば黄疸《おうだん》にかかったものには、すべてのものが黄色く見えたり、星あるいは非常に遠距離にあるほかの物体がわれわれには実際よりも小さく見えたりする時のように、われわれが眠っていない時でもかなりしばしばわれわれをだますことができるのだということがないでもないのだからして、夢の誤謬がわれわれにこうした観念の真実性を疑わせる機縁をあたえたところでかまわない。最後にわれわれが覚めていようが、眠っていようが、われわれは自分の理性の明証性によってでなければ確信を持つべきではないから。なおまたわたしは、われわれの理性の、といい、けっして、われわれの想像の、とも、また、われわれの感覚の、ともいわないことに注意すべきである。たとえばわれわれは至って明瞭に太陽を見るけれども、われわれはそれがために太陽がわれわれの見ているとおりの大きさであると判断してはならない。またわれわれはなるほどはっきりと牝山羊の胴体に接ぎ合わされたライオンの頭を想像することができるが、だからといってこの世に怪物がいると結論すべきではない。それというのも、理性は、われわれがこのように見、あるいは想像するところのものが真実であるとはけっして教えていないからである。しかし理性は、われわれのすべての観念または概念は若干の真実性の基礎を持っているはずだということを教えている。というのはまったく完全でまったく真実な神が、若干の真実性なしにそれらをわれわれのなかにおいたというようなことはありえないことであろうから。そしてまた理性は、われわれの想像は眠っている時でもしばしば目が覚めている時と同様、あるいはそれ以上に、生彩に富み、鮮明であるにもかかわらず、われわれの推理は眠っている時には目が覚めている時ほど明証的でも完全でもないということからして、われわれの思考は、われわれが完全無欠のものではないという理由によって、完全には真実ではありえず、思考の持っている真実性は、夢のなかにおいてよりも、むしろ目覚めている時にわれわれが持つ思考において、必ずや見いだされるべきだということを教えている。

1　以上のような神の存在の証明を本体論的証明という。それは最初アンセルムスによって唱えられたものであるが、カントが『純粋理性批判』のなかでこのような証明の詭弁性を完全に証明した。カントは、われわれはあらゆる種類の完全なものを、それの存在を予定することなく、想像することができると、このような証明を反駁している。

第五部

これらの根本的真理からわたしが演繹《えんえき》したほかのもろもろの真理の環全体を追求し、それらをここでおめにかけることはわたしには喜ばしいことである。しかしそれがためには、わたしは学者の間で意見が喰いちがっているいくたの問題について話す必要があるだろうが、わたしはこれらの学者の諸君といざこざを起こしたくないし、いまの場合それをさしひかえたほうがいいと思うし、また公衆がこれらの真理をもっと詳しく知ることが有益であるかどうかを最高の識者諸君に判断してもらうために、単に一般的にこれらの真理がどんなものであるかを語るにとどめたほうがいいように思う。わたしはすでにした決心、すなわち神および霊魂の存在を証明するためにもちいた原則以外にはどんな原則も想定しないこと、および幾何学者の証明以上に明白で確固としたものだと思われないようなものは何ひとつ真理として受け容れないという決心をつねに堅く守って来た。しかもわたしは、哲学で取り扱うならわしになっているすべての主要な難問題にかんして、わたし自身を満足させるような方法をほんの短日月の間に発見したばかりでなく、若干の自然法則を指摘したとあえていうことができる。これらの法則は、われわれが十分に省察してみれば、それらの法則が、この世界に存在し、あるいは生起するすべての事柄において正確に守られているということを疑うことができないような具合に神が自然界に設定し、その概念をわれわれの霊魂のなかに刻みつけたものである。ついでわたしは、これらの法則の系列を考究して、わたしがそれ以前に学び、あるいは学びたいと望んでいたすべてのものよりももっと有益で、もっと重要ないくたの真理を発見したように思う。

しかし、わたしはこれらの真理の主なものをある論文のなかで説明しようと努力したのだが、若干顧慮するところがあってその出版を見合わせているので、[1] それらの真理を知っていただくためには、ここでこの論文の内容を略述するにこしたことはないと思う。この論文を書くまえに、わたしは物質的な事物の本性についてわたしが知りたいと思ったすべてのことをそこに含めようと企図した。しかし画家が、平らな画面に立体の異なったすべての面を同じように表現することは不可能だから、その主要な面のひとつを選んで、その面だけを光のほうにむけ、ほかのもろもろの面は陰において、われわれがこの日向になった面だけを眺めることによってはじめて、ほかの面が見えるようにするのとまったく同じように、わたしもまた、この論説中に自分の思惟のなかにあるすべてのものを盛ることはできないであろうということをおそれて、わたしはそこで自分が光について考えていたことだけを思う存分に説明し、なおその機会に、光はほとんどすべて太陽と恒星から生じるものであるから太陽と恒星について、天空は光を伝えるものであるから天空について、遊星、彗星《すいせい》および地球は光を反射するものであるから遊星、彗星および地球について、なかんずく地上に存在するすべての物体は色彩を有するもの、透明なもの、または光り輝くものであるから、地上に存在するすべての物体について、最後に人間はそれら物体の見物人であるから人間について、若干の事柄を付け加えようと企図したのであった。これらのすべての事柄を少し陰におくため、また学者のあいだで認容されている見解に追随したり、あるいはこれを反駁したりしなければならないような羽目に陥らずに、自分がこれらのことについて判断したところのことをいっそう自由に語ることができるように、わたしはこの地上世界をあげてかれら学者たちの論議に委ね、かりにいま神が仮想の空間のどこかで新しい世界を構成するに十分な物質を創造し、この物質の種々の部分をさまざまなふうに無秩序に揺り動かし、それでもって詩人でなければ想像できないような混沌《カオス》を構成し、しかるのち神はかれの正常の協力を自然にあたえ、自然をしてかれが設定した法則に従って動いてゆくに委せる以外には何ら手を加えないとしたならば、このような新しい世界に起こるであろうと思われる事柄についてだけ語ろうと決意した。このようにしてわたしはまず第一にこの物質について記述し、それをばわたしがさきに神および霊魂について述べたことをのぞくと、この世にこれ以上明白で理解しやすいものはないと思われるような具合に表現しようと努力した。というのはわたしは、そのなかには学院で論じられているあの形相だとか本有性だとかいったものは全然なく、また一般に、それを知らないふうに装うことが不可能なほど、その認識がわれわれの霊魂にとって自然でないようなものはひとつもないと、あからさまに想像さえしたから。なおわたしは自然の諸法則とはどんなものであるかを示した。そしてわたしの論拠を神の無限の完全さ以外のどんな原理のうえにもおかないで、およそひとが多少でも疑念をさしはさむことができるような法則はすべてこれを証明し、それらの法則は、神がたくさんの世界を創造したとしても、それらの法則が守られない世界はひとつもないといった法則であることを示すように努力した。そのあとでわたしはこの混沌《カオス》の大部分の物質がどんなふうにこれらの法則に従って一定の仕方で配置整頓されて、われわれの天空に似たものにならざるをえないか、またその間にどんなふうにしてその若干の部分がひとつの地球、若干の遊星および彗星を形成し、ほかの若干の部分はひとつの太陽および恒星を形成するようにならざるをえないかを示した。そしてここでわたしは光の問題に言及して、この太陽および恒星に見いだされるはずの光が何であるか、そこからどんなにして光は一瞬のうちに広大な空間を通過するか、どんなに遊星および彗星から地球にむかって反射されるかを、かなりながながと説明した。それになおわたしはこれらの天空および星の実体、位置、運動、その他のあらゆる種々の性質にかんしてたくさんの事柄を付け加えた。このようにしてわたしは、われわれの世界の天空および星においても、わたしが叙述した世界の天空や星におけるのとまったく同じふうに現われてはならないもの、あるいは少なくとも現われることができないものはひとつも認められないということをわからせるのに十分なほど語ったと思った。それからわたしはとくに地球について語る番になった。すなわちわたしは地球を構成している物質に神は何らの重さもあたえなかったとはっきり仮定していたけれども、どんなふうにして地球の各部分がつねに正確にその中心にむかうことをやめないのか、表面には水と空気とがあって、天空および星、とくに月の配置がどんなふうにしてわれわれの海に見られる潮の干満にあらゆる点で似ている干潮満潮をそこでもひき起こし、なおまたわれわれが熱帯地方で認めるような水および空気の東から西への流動を起こさざるをえないか、どんなふうにして山や海や泉や河が自然にそこに造られ、金属が鉱山のなかに生じ、田野に植物が成長し、一般に、混合物とか化合物とか呼ばれているすべての物体がそこに生まれてくるかを語った。それからなかんずく、自分で光を出すものはこの世界では恒星のつぎには火だけであることを知り、火の本性に属するすべてのことを十分に明らかに理解させようと努めたからして、わたしは火がどんなふうにして作られ、どんなふうに養われるか、なぜ火は時として光なしに熱だけを持ち、また時には熱なしに光だけを持っているのか、どんなふうに火はいろいろの物体にさまざまな色彩や、その他種々の性質を導き入れることができるのか、火はどんなふうにしてある物を熔《と》かしほかのある物を硬くするのか、どんなふうにして火はそれらのほとんどすべてのものを燃しさり、あるいは灰や煙に変えることができるのか、そして最後に、火はどんなふうにして単にその作用のつよさだけでこの灰からガラスを造るのか、等々のことを物語った。ガラスのことについて語ったのは、この灰のガラスへの変化は、自然界でおこなわれているほかのどんな変化よりも見事なものと思われたので、それについて記述することにとくに興味を覚えたからであった。

しかしこれらすべてのことから、わたしはわれわれの世界がわたしの提案したような仕方で創造されたと推論しようとは思わなかった。というのは、最初から神がわれわれの世界をそれがあるべきようにしたというほうがはるかに真実らしいから。しかし神がいまこの世界を維持している働きは、神が世界を創造した働きとまったく同一であるということはたしかであり、それは神学者のあいだにおいても一般に受け容れられている見解である。それゆえ、よし神が最初この世界に混沌の形以外のどんな形もあたえなかったとしても、自然法則を設定し、自然をしてその常のように運動させるために神が自然に協力をあたえた以上は、ただそれだけで、純粋に物質的なものはすべて時の経過とともに現在われわれが見るようなものになることができたと、何ら創造の奇蹟をそこなわずに信じることができる。そしてこれらの物質的事物の本性は、それらのものがこのようにしてだんだん生成するものであると考える時のほうが、それをまったくできあがったものとして考える場合よりも、はるかに考えやすい。

無生物および植物の記述からわたしは動物、とくに人間の記述に移った。しかしこれらのものについては、わたしはほかの事物について語ったのと同じ調子で、換言すれば、原因で結果を証明し、どういう種子で、そしてどういう仕方で自然がそれらのものを産みだすはずであるかを示すにたる知識を持ち合わさなかったので、わたしはこう仮定することで満足した。すなわち神はその器官の内部的構造においても、その各部分の外部的形態においても、われわれの世界の人間のひとりとまったく同じ人間の体を、わたしが記述した物質以外のどんな材料ももちいて組み立てることなく、また最初はどんな理性的霊魂も、その他植物的[2]または感覚的霊魂に使用されるような何ものもあたえることなく、ただ単にわたしが上に説明した光のない火の一種、すなわち乾草をまだ乾かないうちに密閉しておくとこれに熱をあたえ、あるいは新しい葡萄《ぶどう》汁《じる》を搾りかすの上で醱酵《はっこう》させておくとそれを煮えたぎらせる火の持っている性質以外にはどんな性質も考えられない火を、心臓の内に焚きつけるだけで、そういう人間の体を作ったと仮定することで満足した。というのは上に述べたことの結果として、この身体のうちに存在しうる諸機能を検討して、わたしはわれわれのうちに存在しうる機能を正確にすべて見いだしたからである。ただしわれわれがそのような機能を考えるということ、したがってわれわれの霊魂、すなわち身体からはっきりと区別され、さきに説明したとおり考えることだけをその本性とする、あの一部分だけはそれに関与していない。この点においてその諸機能は理性のない動物がわれわれに似ているといわれる所以の機能である。だからわたしはそこ〔わたしの想定した体〕に思惟に依存する、すなわち人間としてのわれわれにだけ属する諸機能をひとつも発見することができなかった。しかしあとになって神がひとつの理性的霊魂を創造して、それをわたしが記述したとおりの一種の仕方でこの肉体に結びつけたと仮定することによって、それらの人間的機能をすべてこの〔仮定の〕人間に見いだしたのであった。

しかしそこでわたしがこの問題をどんなふうに取り扱ったかを見てもらうために、わたしはここで心臓および動脈の運動を説明したいと思う。この運動はわれわれが動物において観察する第一の、そしてもっとも一般的な運動であるから、それによってひとびとはほかのすべての運動にかんしてどのように考えるべきかを容易に判断するだろう。またわたしがそれについて以下に述べようとするところを理解しやすくするため、わたしは、解剖学に少しも通じていないひとたちは、これを読むに先立って、肺臓を持った何らかの大きな動物の心臓を自分の目の前で切り開かせて見る労をとれることを希望する。というのはこうした動物の心臓はあらゆる点で人間のそれにかなり似ているからである。またわたしはかれらがそこにあるふたつの室または窩《か》を見せてもらわれることを希望する。[3] 第一に、右側にある室にはふたつのきわめて大きな管が対応している。すなわち一つは大静脈であって、血液を受ける主要な管である。これを樹木の幹とすれば、身体のほかのすべての静脈は枝のようなものである。もうひとつの管は動脈性静脈[4]で、誤ってこう名づけられているが実際は動脈である。それは心臓に源を発して、心臓を出てからいくつかの枝に分かれ、その枝は両肺に行ってくまなく広がっている。それから心臓の左側にある室にも同じように上記の二本と同じくらいか、あるいはそれよりもっと太い二本の導管が対応している。すなわちそのひとつは静脈性動脈[5]で、これまた誤ってこう呼ばれているがひとつの静脈にほかならず、それは肺臓からくるもので、両肺内で数多の枝に分かれ、動脈性静脈の枝、および吸った空気の入る気管[6]と呼ばれる導管の枝とたがいにからみあっている。もうひとつは大動脈で心臓から出て、全身にその枝を送っている。それからまたわたしはこれらのひとたちが、この窩にある四つの出口を開けたり閉めたりする扉のような十一個の小さな弁[7]を入念に見せてもらわれることを希望する。そのうち三個は大静脈の入口にあって、この血管のなかにある血液が心臓の右側の窩に流れこむことは少しも妨げないが、この窩から血液が出ることは正確に妨げるようにあんばいされている。つぎの三個の弁は動脈性静脈の入口にあり、前者とはまったく反対にあんばいされ、この窩のなかにある血液が肺臓に行くことは許すが、肺臓にある血液がそこに後戻りすることは許さない。それからこれと同様に、ほかのふたつの弁は静脈性動脈の入口にあって、肺臓の血が心臓の左窩に流れることを許すが、戻ることはさえぎる。三個は大動脈の入口にあって、血液が心臓から出ることは許すが、心臓に逆戻りすることは妨げる。そしてこれらの弁の数については静脈性動脈の開孔はそれが見いだされる場所の関係上楕円形《だえんけい》をしていて、ふたつで都合よく閉められることができるのに反し、ほかの血管は円形で、三個の弁で閉じたほうがより好都合であるという以外には理由を求める必要がない。それからまたわたしは、これらの諸君が、大動脈と動脈性静脈は静脈性動脈と大静脈よりもずっとつよく堅牢な組織を持っていること、後の二者は心臓に入るに先立って拡大し、そこで心臓と同じような肉で組織されている心耳[8]と名づけられたふたつの袋みたいなものになっていること、心臓はつねに身体のどんな部分よりも熱があること、最後に、この熱はもし血液が数滴でもその心窩《しんか》に入ると、ちょうどわれわれが非常に熱い何らかの器に、液体を一滴ずつたらす時、一般にすべての液体が急速に膨脹し拡大するのと同じように、血液が急速に膨脹し拡大することを可能ならしめるということを観察されることを望む。

というのは、以上のことがわかったあとでは、わたしは心臓の運動を説明するためにつぎのこと以外は、何もいう必要がないから——心臓の窩が血液で満されていない時には、血液は必然的に大動脈からは右窩へ、静脈性動脈からは左窩へ流れる。というのはこのふたつの管はつねに血液で満されており、心臓にむかって開いているその開孔《くち》はその際閉ざされていることはできないからである。ところがこのようにして各窩に一滴ずつ、あわせて二滴心臓に入ってきた血液は、それが流れこんできた開孔は大きく、その出てきた管は血液で充満しているのであるから、非常に大きな滴であるにちがいない。そしてそれが心臓に入るや否や、そこで熱に出会って稀薄になり、膨脹し、それによって心臓全体を脹らませ、血滴の入ってきた管の口にある五個の小さな扉を押して閉じ、それ以上の血液が心臓に落ちこんでくるのを妨げる。そしてますます稀薄になりつづけた血滴は、ほかのふたつの窩の入口にある六つの小さな扉を押しあけてそこから出て行く。それによって血滴は動脈性静脈と大動脈の全支管を心臓とほとんど同時に膨脹させる。ところが、そこに入った血液はそこで再び冷却するから、心臓は、これらの動脈が収縮するのと同じように収縮し、動脈の六つの小扉は再び閉じる。そして大静脈および静脈性動脈の五つの小扉は再び開いてつぎの二滴の血液に通路をあたえ、さきの二滴とまったく同様に、心臓および動脈を再び膨脹させる。このようにして心臓に入る血液は心耳と名づけられているふたつの袋を通過するので、心耳の運動は心臓のそれとは反対になり、心臓が膨脹する時には収縮する。[9] 最後にわたしは、数学的論証の力を知らず、真実の理由を真実らしい理由から区別することになれてないひとたちが、以上のことをよく検討してもみないで向こう見ずに否定することがないように、かれらにつぎのことを告げておきたい。それはすなわち、わたしがいま説明した運動は、あたかも時計の運動がその分銅や歯車の力、位置および形状から結果するのと同じように、目でもって心臓内に認めることができる諸器官の配置、指で感じることができる熱、経験によって知ることができる血液の性質から必然的に帰結するところだ、ということである。

しかしもしひとびとが、このように静脈内の血液が不断に心臓内に流れこみながら、なぜ少しも涸《こ》渇《かつ》しないのか、また心臓を通過したすべての血液が動脈に入るのに、なぜ動脈は血液で溢れることがないのかとたずねられるならば、わたしはそれに答えるのにイギリスの一医師によって、すでに書かれたところをもってすればよい。われわれは、この方面で新しい見地を開拓し、動脈の末端にたくさんの小通路が存在し、動脈が心臓から受け取った血液はそれを通って静脈の小さな支管に入り、そこから再び心臓のほうに帰って行く、したがって、血液の流れは永続的な循環にほかならないことを最初に教えたことにたいして、この医師を賞讃しなければならない。かれはこのことを外科医のありふれた経験で巧みに証明している。すなわち外科医は静脈を切開する時、その切り口より上の部分で腕を中位のつよさに縛ることによって、縛らなかった時よりも多量の血を流れ出させる。もしかれらが切り口の下部、すなわち手先と切り口との間を縛るか、ないしは切り口の上部を非常に堅く縛ると、まったく反対の結果が生じるだろう。というのは、中位のつよさで縛った紐《ひも》は、すでに腕のなかにある血液が静脈を通って心臓のほうへ帰ることを妨げることはできるが、しかしそのために血液が不断に動脈を通ってあらたにやってくるのを妨げることはできないということは明白だからである。というのは動脈は静脈の下に位しており、その膜は硬くて圧しにくいし、また心臓からきた血液は、そこから静脈を通って心臓に帰る時よりもつよい力で動脈を通って手のほうへ行こうとする傾向を持っているから。そしてこの血液が静脈のひとつにある切り口を通って、腕から流出するのであるから、縛った紐よりも下に、すなわち腕の末端のほうに、血液が動脈から静脈に移ることができるような通路がどうしてもなければならないことになる。この医師はまた血液の循行について自分の説くところをばつぎのもろもろの事実によって非常に巧みに証明している。すなわち静脈にそうて所々に存在し、血液が身体の中央から末端に流れることを許さないような装置になっている数個の筋[11]、それから体内にある血液は、ただ一本でも動脈が切断された場合には、たちまちそこから流出してしまうことが可能であり、しかも動脈が心臓に非常に近い所で堅く縛られ、心臓と縛った紐との間で切られた場合でもなおかつそうであり、したがってそこから流れ出る血液が心臓以外の場所からくると想像すべき何の理由もないということを示す実験、等によって証明している。

しかしなおこのほかにも、血液の運動の真の原因がわたしの述べたとおりであることを証明する事実がたくさんある。たとえば第一に、静脈から出る血と動脈から出る血との間に認められる差異はつぎのこと以外からは生まれようがない。すなわち心臓を通る際血液は稀薄化され、いわば蒸溜されて、心臓から出て直後、すなわち動脈のなかにある時は、心臓に入る直前、すなわち静脈のなかにある時よりは、いっそう微細で、いっそう活潑で、いっそう熱い。もしわれわれが注意して見るならば、われわれはこの差異が心臓の近くにおいてだけいちじるしく現われ、心臓から非常に遠ざかった所ではそれほどでもないことを発見するだろう。つぎに動脈性静脈および大動脈を組織している膜が堅いということは、血液が静脈に当たるよりもいっそうつよい力でそれらに当たることを証明してあまりがある。また心臓の左窩および大動脈が、右窩および動脈性静脈よりも広く大きいのはなぜだろうか？　それは静脈性動脈の血液は、心臓を通過したあとでは肺臓にいたばかりだから、大静脈から直接やってきた血液よりも微細で、より強く、かついっそうたやすく稀薄化するという以外に理由はない。またもし医師たちが、血液はその性質を変えるに従って、心臓の熱のために以前よりも多かれ少なかれつよく、また多かれ少なかれ速く稀薄化されるものだということだけしか知らなかったら、かれらは脈搏《みゃくはく》に触れて何を予断できるだろうか？　またもしわれわれがこの熱がどのようにしてほかの肢体に伝えられるかを検討するならば、それは心臓を通る際そこで温めなおされて、そこから全身に広がる血液によってだということを認めざるをえないのではなかろうか。そのことから、もしわれわれが体のどこからか血液を奪い取るならば、それによって熱を奪うことになるという事態が生じる。たとえ心臓が灼熱《しゃくねつ》した鉄のように熱していても、もしそれがたえず新しい血を送りこむのでなかったならば、実際に手足をあれほどまで温めるには不十分だろう。そして上のことからわれわれは、呼吸の真の効用は、心臓の右窩が稀薄化され、いわば気体に変えられて、そこから肺臓に入ってくる血液をば、左窩に落入するに先立って、そこで濃厚化し、再び血液に変えるために、十分な新しい空気を肺臓に送ることにあるということを知る。このことがなかったならば、血液は心臓にある火の養分となるにふさわしいものになれないだろう。このことは、肺臓を持たない動物はまた心臓内に一個の窩しか持たないということ、母胎内にある間肺臓を使用することができない胎児は、大静脈から心臓の左窩に血液を流しこむひとつの開孔と、肺臓を通らずに動脈性静脈から大動脈に血液を送りこむ導管を持っているだけだということによってたしかめられる。つぎに消化作用も、もし心臓が動脈によって胃に熱および熱とともに、そこに入った養分の分解を助ける血液のいちばん流動的な部分を送らないならば、どうして胃においてなされるだろうか？　それからまたこの食物の汁液を血液に変える作用も、それがおそらく一日に百回あるいは二百回以上も心臓に往来《ゆきき》することによって蒸溜されると考えれば、認識しやすいのではあるまいか？　それからまた栄養および体内にある種々の体液[12]の生産を説明するためには、稀薄化しながら血液を心臓から動脈の末端に移す力が、血液の若干の部分を、それが到達した肢体のある部分にとどまらせ、そこで自分が追い出したほかの部分にとって代わるということ、それらの血液が出会う細孔の位置、形状、大小に応じて、あたかもいろいろなふうに穴があいていて種々の穀物をふるいわけるのにもちいる篩《ふるい》と同じように、血液のある部分はほかの部分とはちがった場所へ行くのだ、というだけで十分ではあるまいか？　そして最後に、これらの事実のうちもっとも注目すべきことは、動物精気《エスプリ・ザニモオ》[13]の生成である。これはきわめて微細な風、あるいはむしろきわめて純粋で活気のある焔《ほのお》みたいなもので、不断に豊饒《ほうじょう》に心臓から脳髄にのぼり、そこから神経を通って筋肉に行き、あらゆる肢体に運動をあたえるものである。この精気を構成するのにいちばん適した血の若干部分はいちばん激しやすく、またいちばん透過力を持ったものであって、それをほかの場所へむかわせないで脳のほうに行かせる原因としては、血液のこの部分を運ぶ動脈は、あらゆる動脈のうちでいちばん直線的に心臓から脳髄に行っているそれであるということ、心臓の左窩から出る血液の諸部分が脳髄に行こうとする場合のように、たくさんのものがいっしょに同じ方向に運動しようとしてその全部をいれる余地がない場合には、自然の法則と同一のものである力学の法則にしたがって、いちばん弱くいちばん激しにくいものがよりつよいものによって押しのけられ、後者だけがそれによって脳髄に行くということ以外のことを想像する必要がない。

　これらのすべてのことをわたしはさきに出版する意図のあった論文のなかでかなり詳しく説明した。そしてそれらにひきつづいてわたしは、頭が胴体から切り落されたのちしばらくは、もはや生きていないのになお動いたり、土にかみついたりするのを見てもわかるように、人体のなかにある動物精気がその各肢体を動かす力を持つことができるためには、人体の神経および筋肉の構造はどういうものでなくてはならないか、覚醒、睡眠、夢等を起こすためにはどういう変化が脳のなかに生じなければならないか、光、音、匂、味、熱その他外界の対象のすべての性質がどんなふうにして感覚の媒介によって脳に種々の観念を刻みつけることができるのか、どのようにして餓え、渇き、その他の内的感情《パッション》[14]もまた脳にかれらの観念を送ることができるのか、等々のことを示し、これらの観念の受容される共通感覚[15]およびそれらを保存する記憶と解されるべきものは何であるか、またそれをさまざまに変更し、それらでもって新しい観念を組み立て、また同様な方法で、動物精気を筋肉中に配分することによって、われわれ人間の肢体が意志の指揮なしに動くように、かれの肢体をぼ同じくらいさまざまなふうに、かつかれの感覚に現われて来る対象およびかれのなかにある内的感情に応じて適切に動かすことができるところの想像力と認めるべきものは何であるか、等々のことを示した。人間の巧智が、各動物の体内にある多数の骨、筋肉、神経、動脈、静脈、その他すべての部分にくらべればじつにわずかの断片しか使用しないで、どんなに多種多様の自動機械すなわち動く機械を作ることができるかを知り、この肉体を、神の手によって造られ、比類のないほどよく秩序立てられ、かつ人間が発明できるどんな機械よりも見事な運動をそれ自体のなかにそなえている一個の機械として見るひとたちにとっては、以上のことは少しも奇異には映らないだろう。

ここでわたしはとくにつぎのことを示そうと決心した。すなわち、もし猿あるいは何らかの理性を持たない動物の器官や外形をそなえた機械があるとしたら、われわれはこれらの機械がどんな点でも前記の動物と同じ本性を持っていないかどうかを認識する何らの手段も持たないだろう。これに反し、われわれ人間の肉体に似ていて、道徳的にも可能なかぎりわれわれの行為をまねる機械があるとしても、われわれはやっぱりこのような機械が、だからといって真の人間ではないということを認識するふたつのきわめてたしかな方法を持っている。その第一は、これらの機械が、われわれが自分の思想を他人に表示するためにもちいるように、ことばだとか、ことばを組み合わせてできるその他の符号だとかを持っていないということである。というのは、われわれはひとつの機械がことばを発するように作られるということも、あるいはその機械が自分の器官のなかに何らかの変化をひき起こす肉体的作用に応じて若干のことばを発するということ、たとえばもしわれわれが機械のどこかに触れると、何をいわせたいのですかとたずね、またほかの個所に触れると、痛いとか、あるいはそれに類似のことを叫んだりするようなことさえ考えることができるが、しかしかれの目の前で話されるすべての事柄の意味に応じて返答するためにことばをいろいろなふうに配列するというようなことは、人間ならどんなに愚かな人間にでもできることだが、そういうことをこの機械ができると想像することは不可能であるから。第二は、このような機械はたくさんの事柄をわれわれのだれかと同じくらい上手に、あるいはそれ以上上手にやってのけることができても、ほかの若干の点ではきっと欠けるところがあり、それらの諸点によってわれわれは、このような機械は自覚によって行動するのではなく、ただ単にその諸器官の配置によって動くにすぎないということを発見するだろう、ということである。というのは、理性があらゆる出来事に役立つことのできる普遍的道具であるのに引き換え、これらの機械の諸器官は個々のある特定の行為にたいしてある特定の配置を必要とし、したがってわれわれの理性がわれわれを活動させるのと同じような具合に、その機械をば生活のありとあらゆる場合に応じて活動させるに十分なほど多様な配置が、一個の機械のなかに存在するということはおそらく不可能だから。

さてこれと同じふたつの方法で、われわれは人間と動物との相違を知ることができる。というのは、いろいろなことばをいっしょに配列して、それでもって自分の考えを理解させる話を組み立てることができないほど愚かで鈍重な人間はなく、精神に異常をきたした者でさえもその例外ではないのに、これに反してほかの動物は可能なかぎり完全に、また仕合わせに生まれついた動物でも、これと同様のことができるものはひとつもないということはまことに注目すべきことだから。これはかれら動物が器官を欠いていることから生じるのではない。なぜなら、われわれは、鵲《かささぎ》や鸚鵡《おうむ》はわれわれと同じようにことばを発音することはできるけれども、われわれのように、すなわち自分が口にしていることを自分は考えているのだということを明示しながら話すことはできないということを知っているから。これに反し人間は、聾啞に生まれて、話をするためにほかのひとに役に立っている器官を鳥獣と同様、あるいはそれ以上に欠いているものでも、ふだんかれらとともに暮し、かれらのことばを学ぶひまを持っているひとたちにかれら自身を理解させる何らかの符号を自分で発明するのが通例である。そしてこのことは単に鳥獣は人間よりも少ない理性を持っているということを証明するばかりではなく、かれらは全然理性を持たないということを証明している。というのは、話すことができるためにはほんのわずかの理性しかいらないということは、われわれの知るところであるから。同種の動物のなかにあっても人間同士の間におけると同様に不平等が認められ、あるものはほかのものにくらべて仕込みやすいのであるから、その種のなかでもいちばん完全な一匹の猿または鸚鵡が、最も愚かな子供、否、脳に障害のある子供にさえ、この点においてはおよばないということは、もしかれらの霊魂がわれわれのそれとまったく異なった本性のものでないと仮定しなければ信じがたいところである。そしてわれわれは言語をば、機械によっても動物によっても模倣されうる、情念を示す自然的運動と混同してはならないし、また若干の古代人が考えたように、われわれは動物のことばがわからないが、動物も話しているのだと考えてはならない。なぜなら、もしそれが真実だとしたら、かれらはわれわれの器官に似たたくさんの器官を持っているのだから、かれらはわれわれにたいしても自分の同類にたいするのと同様に、自分をわからせることができるはずだから。また若干の動作においてはわれわれ以上の巧智を示す動物がたくさんあるにもかかわらず、その同じ動物がほかの多くの動作においては何らの巧智も示さないということも、きわめて注意すべきことである。かれらがわれわれよりも巧みにやってのけるということは、少しもかれらが精神を持っていることを証明するものではない。というのは、この分でゆけばかれらはわれわれのだれよりも多くの精神を持っているはずであり、何事につけてもわれわれより巧みにやれるはずだから。そのことはむしろかれらが精神を持たないこと、かれらのなかにあって、その器官の配置に従って動いているのは自然それ自体であることを証明するものである。それはあたかも歯車と発条《バネ》だけからできている時計が、われわれがあらゆる思慮をもってするよりも正確に時を数え、時間を測ることができるのと同じである。

以上のことを述べたのち、わたしは理性的霊魂を叙述し、この霊魂はわたしがいままで述べてきたほかの事物のように物質の力からはけっして導きだされることのできないものであって、明らかに創造されねばならないことを示し、理性的霊魂は、水先案内が船に乗りこんでいるように、ただ四肢を動かすだけの目的で人間の身体に宿っているというだけでは不十分で、〔わたしが仮定したある別の世界の人間が〕四肢を動かす以外になおわれわれのそれに似た感情や欲望を持ち、こうして真の人間を構成するためには、理性的霊魂が身体と結合し、より緊密に合体している必要があるのはなぜだかを示した。なおまたわたしは、この個所でいささか霊魂の問題に言及した。というのは、この問題はいちばん重要な問題であるから。けだし、神を否定するひとたちの誤謬についてはさきに十分に反駁を加えたつもりだが、この誤謬については、獣類の霊魂がわれわれのそれと同じ性質のものであって、したがってわれわれは蠅や蟻と同様、この生涯ののちには、何ひとつ恐れるべきものもなければ、また希望すべきものも持たないと想像することほど、薄弱な精神の持ち主を徳の本道から遠ざけるものはないからである。これに反し、それらがどんなにちがっているかを知る場合には、われわれは、われわれの霊魂が肉体とはまったく独立した本性であり、したがって肉体とともに死ぬべきものではないということを証明するもろもろの理由をば、ずっとよく理解するだろう。そしてわれわれにそれ以外に霊魂を滅ぼすどんな原因も見かけないのであるから、われわれはそのことから自然に、霊魂は不滅であると、判断するようになる。

1　これは『宇宙、または光にかんする論稿』と題するもので、一六二九年十月頃着手され、一六三三年ほぼ完成を見たが、印刷に付そうとする矢先に、ガリレイ断罪事件が起こり、デカルトはその出版を見合わせた。同書はデカルトの死後、クレルスリエの手によって一六六四年刊行され、現在はアダン＝タヌリ編纂の『デカルト全集』第十一巻に収められている。デカルト自身書いているように、『方法序説』の第五部はほとんど同書の要約である。

2　植物のように、外部から栄養を摂取して成長する霊魂（精神）の意。デカルトは三つの精神を区別する。すなわち理性的精神、植物的精神、感覚的精神で、かれによれば、理性的精神は人間だけが持っているもので、動植物は感覚的または植物的精神を有するが、理性的精神は持たない。

3　周知のように、今日の解剖学は心臓に四つの室、すなわち右心耳・右心室・左心耳・左心室を区分している。デカルトはこれを左右両心室にしか区分していない。かれは心耳をば血管の一部が膨脹したものと考え、それを心臓の一部とは見ていない。なおデカルトは心臓の「室」という字に、一般に部屋を意味する chambre という字をもちい、今日解剖学で使っている ventricule（室）という語をもちいていない。

4　今日では肺動脈と呼ばれている。

5　今日では肺静脈と呼ばれている。

6　デカルト時代には tranchée-artière（気管）という字がなかったらしく、かれは一般に日常用語で喉笛をさすのにもちいる sifflet という字をもちいている。

7　ここでも今日の解剖学上の「弁」valvule の代わりに、peau（皮または筋）という語が使用されている。しかし文章を理解しやすくするため、「皮」を用いないで、今日の用語「弁」をもちいた。

8　ここでもデカルトは今日の用語 oreillette du cœur（心耳）の代わりに、oreilles du cœur（心臓の耳）という語をもちいている。

9　以上の血液循環のメカニスムを、次節でみずから告白しているように、デカルトはイギリスの医師ウィリアム・ハーヴェーの説に則って説明しているのであるが、ただつぎの点において両者は異なっている。すなわちハーヴェーは心臓をその筋肉によって運動するポンプと見たのにたいし、デカルトは血液の循環を、心臓に入った血液の、熱による膨脹から説明している。この場合もちろんハーヴェーのほうが正しかったので、デカルトはハーヴェーの本質的に正しい観察を、力学的に歪曲したのである。

10　ウィリアム・ハーヴェー William Harvey（一五七八―一六五七年）。ロンドンの医学専門学校で解剖学、外科を教え、血液の循環を発見した。それは一六一九年同校の生徒に教えられ、一六二八年『動物の心臓ならびに血液の運動に関する解剖学的研究』として出版された。岩波文庫に邦訳がある。

11　筋——いうまでもなく、今日ではこの筋は静脈弁と呼ばれている。

12　当時の医学は古代の医学説を受けついで、人間の体のなかには四種の体液があると考えていた。胆汁、リンパ液、血液、黒胆汁がそれである。胆汁の多いものは怒りっぽく、リンパ液の多いものは冷静で、血液の多いものは激しやすく、黒胆汁の多いものは神経質だとされた。病気はこれらの体液の過剰または腐敗によって起こると考えられた。

13　デカルトはこれを血液のもっとも微細な部分と見、これが神経（かれはこれを管と考えた）のなかを流れ、筋肉に到達して、感覚を伝達し、運動を起こさしめると考えた。

14　快感または苦痛にたいする霊魂の動きを当時こう呼んだ。ボシュエは『神と自我の認識』のなかで、「パッションとは、対象について感じる、あるいは想像する快楽や苦痛に動かされて、その対象を廻避したり追及したりする霊魂の運動をいう」と書いている。これによってわれわれは十七世紀におけるこのことばの一般的意義を知ることができよう。すなわちそれはわれわれが外界から受けた印象によって生じる感情的な迎合または反撥作用をさす（もちろんパッションは当時においても今日それが持っているのと同じ意味、すなわち情熱という意味を持っていた）。デカルトは『情念論』のなかで、基本的感情として驚嘆、愛、憎、欲求、喜悦、悲哀を六つあげ、詳細にその感情のメカニズムを論じているが、デカルトによれば、パッションはまったく非意志的なもので、われわれは理性によってそのパッションの正否を判断し、正しくないものは意志の力によって抑制しなければならない。

15 われわれの五感が個々に受け取った感覚を統一する中心をいう。アリストテレスの用語。

第六部

さてすでに三年前[1]のことになるが、わたしはこれらすべてのことを内容とする論文を書き終えて、それを印刷屋の手に渡すために読み返し始めていた時のことであった。わたしは自分が敬意を払っているひとたち、わたしの理性がわたしの思想にたいして持っているのにおとらない権威をわたしの行為にたいしてどうしても持たざるをえないひとたちが、それよりも少しまえにあるひとによって公にされた物理学上のある意見[2]を否認した、という報に接した。わたしはかれの意見に賛同していたとはいうまい。[3]しかしかれらの非難のでるまでは、わたしは宗教にたいしてもまた国家にたいしても有害だと想像されそうなもの、したがってもし理性がわたしにそのような意見を確信させるなら、それを書くことを妨げるようなものを、少しもそこに認めなかったといいたい。またこの事件は、わたしはつねにきわめてたしかな論証を持たないかぎりけっして新説を信用しないように、またひとの不利益になりそうなことはけっして書かないように最善の注意を払っていたが、それでもなお自分の意見のなかに何か思いちがいをしているものがありはしないかという危惧をわたしに起こさせたといいたいのである。自分の意見を発表するというわたしが抱いていた決心をひるがえさせるにはこれだけで十分だった。というのは、わたしがこれを発表しようと決心した理由は非常に強固なものであったが、ブック・メーカーという職業をいつもわたしにいやだと感じさせていたわたしの性向が、この決心を変えたことにたいする言い訳になるようなほかの十分な理由をすぐにわたしに発見させたからである。そしてこれらの理由はどれも、単にここでそれを語る若干の興味をわたしが持っているばかりでなく、おそらく一般公衆もまたそれを知る興味を持たれるだろうと思われるようなものである。わたしは自分の才気《エスプリ》に由来しているものをたいして重要視しなかった。またわたしがもちいている方法から単に思弁的な諸科学に属する若干の難問について満足をえたという以外には別にこれといった成果も収めていなかった間は、換言すれば、この方法の教える論拠によって自分の風儀を規整しようと試みていた間は、わたしはこの方法について何か書かねばならぬ義務があるとは思わなかった。というのは、風儀にかんしては各人はそれぞれ豊富に自分の見識を持っているもので、もしこの方面で何らかの変革を企てることが、単に神がその民の主君者に任命したもの、ないしは神が予言者となるに十分な恩寵《おんちょう》と熱意とをあたえたものばかりではなく、ほかのすべてのひとに許されるとしたならば、頭数と同じくらいたくさんの改革者が現われることになるだろうし、また、わたしの思弁は大変わたしに気に入っていたとはいえ、他人もまたおそらくそれ以上に自分に気に入った思弁を持っているだろうと信じたからである。しかるに物理学にかんして若干の一般的概念を獲得し、各種の特殊な難問でこの概念を試み始めて、この概念がわれわれの知識をどこまで導きうるものであるか、またそれがいままでひとびとがもちいていた諸原理とはどんなに異なったものであるかを見て取って、わたしはこの一般的概念を隠しておくことは、われわれの力のおよぶかぎり万人の一般的幸福を得させることをわれわれに義務づけている法則にたいして大罪を犯すことになると信じた。というのは、この一般的諸概念はつぎのことをわたしに理解させたからである。すなわち生活にとってきわめて有用な知識に到達することが可能だということ、学校で教えているあの思弁哲学とは異なって、火・水・気・星・天・その他われわれをとりまくすべての物体の力や諸作用を、われわれが職人の種々な技能を認識するのと同じように判然と知ることによって、われわれはちょうどそれと同じ具合にそれらの物体をそれぞれ適合した用途にもちいることができ、こうしてわれわれを自然の主人、所有者のようなものにすることができるようなひとつの実践哲学を見いだすことが可能であるということを理解させたのであった。このことは単に大地の果実やそこにあるすべての便益を何の労苦もなく享有させる無数の技術上の発明のために望ましいばかりではなく、また第一に健康保持の上からも望ましいことである。健康は疑いもなくこの人生最上の幸福であり、ほかのすべての幸福の根底である。というのは精神さえも体質および肉体の諸器官の状態に依存することが多く、もし人類を一般にいままでよりもいっそう賢く、いっそう悧発《りはつ》なものにする何らかの方法を見いだすことが可能だとすれば、わたしは医学のなかにそれを求めなければならないと信じているくらいである。現在世におこなわれている医学にあまりいちじるしい効用が含まれていないのは真実である。しかし、わたしはそれを侮蔑するつもりは少しもないが、現在医学で知られているすべてのことは、今後知るべきものとして残されているものにくらべればほとんどないに等しいということは、何人といえども、おそらく医を職業とするひとびとといえども認めざるをえないだろうということ、もしわれわれがその原因を知り、自然がわれわれに提供してくれている療法について十分の知識をそなえたならば、われわれは肉体ならびに精神上の無数の病気、おそらくは老衰からさえもまぬがれることができるだろうと確信している。さて、自分の生涯をこんなにも必要な科学の探求にもちいる心組みを持ち、また短い寿命や経験の不足に妨げられさえしなければ、その道をたどることによって必ずやそれを発見するはずであると思われる道をば見つけていたわたしは、右のふたつの障害にたいしてつぎのこと以上によい療法はないだろうと判断した。それはすなわち自分の発見したことがどんなにささやかなものであろうとも、忠実にそれを公衆に公開すること、およびすぐれた頭脳の持ち主に、各自その性向に従い、その能力に応じて、しなければならい実験に寄与することにより、かつ後からくるものは先人の終えた所から始め、こうしていくたの生涯と、数多の人間の労作を合わせて、われわれ全体で、各人が別々にすることができるよりもはるかに遠くにまで進むことができるように、かれらが知ることができたすべてのことを公衆に伝えることによって、わたしを乗り越えるようにすすめることである。

同様にわたしは実験〔＝経験〕にかんしては、われわれの知識が進めば進むほどますますそれが必要となるということを認めた。というのは、最初は、われわれの感覚に自然に現われて来て、われわれが少し反省を加えさえすれば、知るまいとしても知らずにはいられないような経験だけをもちいたほうが、よりまれで、観察のより困難な経験を探求するよりも、よいからである。その理由は、よりまれな経験は、われわれがもっとも一般的な原因をまだ知らない間はわれわれをだますことがしばしばであり、これらのまれな経験が依存しているもろもろの事情は、ほとんどつねにはなはだ特殊的で、微細で、それを見抜くことが至難であるということである。しかしこの点でわたしが追った順序はつぎのようなものであった。第一はわたしはこの世に存在し、あるいは存在しうるすべての事物の原理または第一原因を一般的に追求することにつとめ、そしてそのためにわたしは、世界を創造した神以外には何にも考えず、また叙上の原理をばわれわれの霊魂のなかに自然にそなわっている真理の種子のようなもの以外からは引き出さなかった。しかるのちわたしはこの第一原因からわれわれが演繹できる第一のそしてもっとも一般的な結果は何であるかを検討した。それによってわたしは、天空、星、地球および地上の水、空気、火、鉱物、その他、あらゆるもののうちでいちばんありふれた、いちばん単純で、したがっていちばん認識しやすいものを発見したように思われる。ついでより特殊的なものに下降しようと思った時、わたしのまえにはじつに種々雑多なものが現われ、もしそれらのものを地上に存在させることが神の望むところであったとするならば地上に存在しうるであろうところのほかの無限に多くのものから、現に地上に存在している物体の形相または種を区別することは、人間の精神にとって可能であるとは思われず、したがってまた結果によって原因に先行し、いくたの特殊的な実験をもちいるのでなければ、それらのものを利用できるようにすることも、人間の精神には可能だと思えないほどであった。つぎにわたしは、それらのものから、すでにわたしの感覚に現われてきたことのあるありとあらゆる対象のうえに再び自分の精神をふりむけたが、わたしがさきに見いだした原理によって十分に都合よく説明できないような事柄はひとつも見当たらなかったと揚言することができる。しかしそれとともにわたしはつぎのことを認めざるをえない。すなわち自然の力は豊富でかつ広大であるということ、これらの原理は単純かつ一般的であって、したがってすぐさま種々の異なった仕方でそれらの原理から演繹されることができると思われないような特殊的な結果はほとんどひとつも見当たらないということ、普通わたしのいちばん大きな困難は、この結果がそれら多数の演繹方法のなかのどれに依存しているかを発見することにある。これが困難だというのは、この困難にたいしてわたしは、これらの演繹方法のあるひとつによって説明すると、ほかの方法によって説明するのとは結果が同一でなくなるような実験をあらためて探求する以外に解決策を知らないからである。しかしわたしはいまや、これがために役立ちそうな大部分の実験をするためにどんな傾向をとらねばならないかがどうやら十分にわかる点にまで到達している。しかしそれと同時にわたしには、このような実験はその全部をなしとげるにはわたしの手も、収入も、たとえそれが現在わたしの持っている千倍あったところで、とうていたりないほどのものであり、また数においても多いものであることがわかっている。したがって今後わたしがこのような実験をする便宜をえることが多いか少ないかによって、わたしが自然の認識においてたくさん前進するか、少なくしか進まないかの別が生じるだろう。以上が、わたしがさきに書いた論文のなかで一般に知らせたいと望んでいた事柄であり、公衆がそれからえることのできる利益を明瞭に示し、もって一般に人類の幸福をこいねがうひとびと、すなわち見せかけや意見のうえでだけ有徳なのではなくて、真に有徳なすべてのひとびとから、かれらがすでになしとげている実験をわたしに知らせてもらい、あるいはまだなされないでいる実験の探求においてわたしを助けるようにしてもらいたいと期待した理由である。しかしこの頃から、わたしに意見を変えさせ、多少とも重要だと判断するすべてのことを、その真実性を発見するに応じて書きとめ、しかもそれをば、印刷に付そうとする場合と同じくらい周到な注意をもって書きとめておくべきだと考えさせたほかの理由があった。それはひとつには、これらの事柄を十分に検討する機会をますます多く持つためである。というのはわれわれはたくさんのひとに見られるにちがいないと思うものは、自分だけのために書きとめておくものよりもつねにいっそう注意して見るものであり、また自分が考え始めた時には真実だと思われた事柄が、紙に書こうと思う時には虚偽に見えることもしばしばだったからである。それはまた、できることなら、公衆の役に立つどんな機会も失うまいがためであり、自分の書いたものが多少でも値うちのあるものならば、自分の死後それを手にするひとたちが、いちばん適当な方法でそれを活用できるようにしたいがためであった。しかしわたしは自分の書いたものがおそらく受けるであろうところの反駁《はんばく》や論議、それがわたしにあたえるであろうところのとかくの評判によって、自分が教養にもちいようと思っている時間を失うような機会を作らないために、自分の生存中は自分の書いたものをけっして出版することに同意をあたえてはならないと考えた。というのは各人は自分の持っているかぎりのもので他人の幸福をはかる義務があり、だれの役にも立たないということは本来無価値だというのは真実であるが、しかしわれわれの配慮は現在よりももっと先までおよぶべきであり、われわれの子孫にほかのかずかずの利益をもたらすという意図をもってであれば、おそらく現在生きているひとびとに若干の利益をもたらすものを省略するのも、またいいことだというのも同様に真実であるから。わたしは、いままでにわたしが学んだわずかばかりのものはわたしの知らない事柄にくらべればほとんど無に近いということ、しかしわたしは学ぶことができるということにたいしては絶望してはいないということを理解してもらいたいと切望している。というのは、もろもろの科学においてだんだんと真理を発見してゆくひとびとは、ちょうど金持になりかけたひとたちが、以前貧乏だった頃にずっと少ない富をえるのに費した労力にくらべて、現在はより少ない労力で大きな儲けをするのに似ているから。あるいはまたかれらは、勝利に比例してその兵力を増すのをつねとし、戦闘に敗けた後では兵力を維持するために、勝ったあとで数市あるいは数州を奪取するのに必要な指揮力よりも多くの指揮力を必要とする軍司令官にくらべてもよかろう。というのは、われわれが真理の認識に到達するのを妨げるありとあらゆる困難や誤謬を克服するように努力することは、まったく戦うことであり、多少とも一般的で重要なある事項にかんして何かの誤った意見を承認するということは、戦闘に負けることだからである。敗北のあとでは、以前と同じ状勢に立ちなおるためには、すでに確証された原理を抱いて巨大な進歩をするのに必要なよりもずっと多くの熟練を必要とする。わたし自身についていえば、わたしがこれまでもろもろの科学において多少の真理を発見したとすれば（そして本書のなかに含まれている事柄が、わたしが若干の真理を発見したと判断させるであろうと期待しているのであるが）、わたしはそれはまさしくわたしが克服した五つ六つの主要な困難の結果および付属物であり、わたしはそれをばさいわいにして自分の勝利に帰した戦と見なしているということができる。否それどころかわたしはつぎのようにいうことすら恐れないだろう。すなわちわたしは自分の計画をしまいまでなしとげるためには、もう二つか三つの同様な戦闘に勝利を収めさえすればよいと考えている。またわたしはまだたいして年をとっていないのだから〔デカルトは四十一歳〕自然の一般的順序からゆけば、所期の結果に到達するのに十分な時間的余裕を持つことができるであろう。しかしわたしは残された時間をうまく利用できる希望があればあるほど、それを節約しなければならないと信じている。そしてもしわたしの物理学の基礎的事項を公表すれば、きっとわたしはこの時間を失うたくさんの機会を作ることになるだろう。というのは、自分の物理学の基礎的な事項はほとんどすべて、それを信じるためにはそれを理解するだけで十分なくらい明証的であり、またひとつとして証明できないと思われるようなものはないにもかかわらず、それらの基本事項がほかのひとたちの諸見解と一致することは不可能だという理由から、わたしはこれらの基本事項が生むであろうところの反対論によってしばしば仕事からそらされるだろうということを予見するからである。

こうした反対論は、わたしの誤ちを知るためにも、またもしわたしが何かよい点を持っていればほかのひとたちが反対論によってより多くの理解を持つようになるためにも、また数人の人間はひとりの人間よりもよく眼がきくはずだから、すぐにわたしの持っているよいものを利用し始めてかれらの発明でわたしを助けるようになるためにも、有用だということもできよう。しかしわたしは自分が至って誤ちを犯しやすい人間であることをみずから認めてもいるし、また最初にうかんだ考えにはほとんど信頼をおかないのであるが、それでもなおひとびとがわたしにたいしてできる反駁の経験によると、わたしはこのような反駁の利益も期待できない。というのは、わたしはすでに今日まで、自分が友人と見なしているひとびとの判断も、これは自分とは関係がないと思っているひとびとの判断もしばしば調べてみたし、また自分の友人にはその友情がかくしてしまっているところをその悪意や嫉妬《しっと》がぬかりなく暴露しようと懸命になっているひとたちの判断さえ調べてみたが、わたしの論旨からひどく遠ざかったものは別として、わたしがまるで予想もしなかったような何かを反駁として加えられたことはめったになかったからである。つまりわたしは自分の意見にたいして自分自身ほど厳格で公正な批判者にはひとりも出くわさなかったようなものである。それにわたしは、学院でおこなわれている討論という方法で、それまで知らなかった真理を発見したというようなことは、ついぞ見かけたことがない。というのは、各人が勝つことに懸命になっている間は、だれしも双方の論拠を考量するよりは、真実らしさを強調することに努力するものだからである。長い間すぐれた弁護士であったものが、そのために必ずしも、あとでよい裁判官になるとはかぎらない。

ほかのひとびとがわたしの思想を伝えられて受けると思われる利益についていえば、これまたたいしたものではありえないだろう。なぜかというと、わたしはそれらの思想をまだそんなに深くきわめてはいないので、それを実地に適用するよりまえになおたくさんのことを付け加える必要があるだろうから。そしてわたしは何らの虚栄心もなしに、もしそれをできるひとがあるとすれば、それはほかならぬこのわたしであるはずだということができると思っている。それはこの世に自分とは比較にならないほどすぐれた精神のひとたちが多数いるはずがないからというのではなく、ほかのひとから学ぶ場合には、自分自身で発見する場合ほどはっきりものを考えることができず、またそれを自分のものとすることができないからである。このことは、この問題においてはきわめて真実であって、わたしは自分の思想の若干をしばしば非常にすぐれた精神の持ち主に説明したが、かれらはわたしが話している間は非常に判然と理解したように見えたにもかかわらず、かれらがそれを繰り返し述べる段になると、わたしはかれらがほとんどいつも、それはもはやわたしの思想だと認めることができないほど、それを変えてしまっていることに気がついたくらいである。なおこの機会にわたしはわたしの子孫たちに、わたし自身がそれを公にしなかった場合には、かれらに告げられるものがわたしから出たと絶対的に信じないようにお願いしておきたい。わたしは書いたものがわれわれに伝わっていない、あの古代の哲学者たちのものとされているもろもろの不条理なことにも驚かないし、またこれらの哲学者もその時代のもっともすぐれたひとたちであったのだから、この不条理のゆえにかれらの思想がはなはだ非理性的であったと断定もしない。ただひとびとがかれらを誤り伝えたにすぎないと判断している。諸君の見られるとおり、かれらの追随者のひとりでもかれらを凌駕したということはほとんどいまだかつてなかった。わたしは現在アリストテレスに追随しているひとたちのなかでもっとも熱心なものでも、もしかれらが、アリストテレスが自然について持っていただけの知識を持っていたら、よしそれがこれ以上の知識は持てないという条件づきでそうであっても、かれらは幸福だと信じるだろうと確信している。かれらは、自分を支えている木より上にはのびず、しばしばその頂上まで達したのち再び下に降りてくることさえある木蔦《きづた》のようなものである。というのは、わたしにはこういう連中は再び下降してくる、すなわちかれらが学ぶことをやめたよりも、ある意味ではいっそう愚かになると思われるからである。かれらはその著書のなかでよくわかるように説明してあるすべてのことを知るだけでは満足せず、なおそのほかに著者が一言も述べておらず、またおそらくは思いもおよばなかったようないくたの難問の解決をそこに見いだそうと望むのである。しかしながらかれらの哲学する仕方は、きわめて凡庸な精神しか持たないひとびとには、まことに便利な方法である。というのは、かれらはかれらのもちいるもろもろの定義や原理の曖昧さによって、万事につけて、よくそれを知っているのと同じくらい大胆にしゃべることができるのであり、もっとも微妙でもっとも精巧な定義や原理に反対してかれらが述べるすべてのことをば、それを説得する手段もないくせに、一から十まで主張することができるからである。この点においてかれらは、目あきと対等に闘うために真暗な洞穴《ほらあな》かどこかの奥に目あきを連れこもうとする盲人にそっくりだと思う。だからわたしはわたしのもちいる哲学の原理を発表することをさしひかえていることは、かれらにとって有利だということができる。というのはこれらの哲学の諸原理は事実きわめて単純かつ明証的であって、それを発表することはあたかも窓を開けて、かれらが勝負をするために降りて行った洞穴のなかに陽の光を射しこませるのとほぼ同じことだからである。しかしもっともすぐれた精神の持ち主もわたしの哲学の諸原理を知ろうとこいねがう機会を持っていない。というのは、もしかれらがあらゆる事柄について語ることができるようになろうと思い、また博学の評判をえようと思えば、かれらは、若干の事柄においてだんだんに発見され、それ以外の事柄について語る必要が生じた場合には率直に知らないと白状することをかれらに強制するような真理を探究するよりは、どの方面の事柄においてであれ、たいした苦労なしに見いだされることが可能な真実らしさで満足することによって、はるかに容易にその目的を達するであろうから。もしかれらが知らないことはひとつもないというふうに見られようという虚栄心よりも、わずかでも真理を知ることのほうがよいと考えるとするなら——疑いもなくこのほうがはるかにいいし、これによってかれらはわたしの企図と同じような企図を追いたいと思っていることになるのであるが——そのためにわたしがこの序説のなかですでに述べたよりも多くのことをかれらに告げることは、かれらにとって必要ではないだろう。なぜなら、もしかれらがわたしのした以上のことをする能力を持っているならば、わたしが発見したと思っているすべてのことをもちろんかれら自身で発見することができるはずだから。同様に、何事によらず秩序を追って検討してきたのであるから、わたしが発見し残した事柄は、わたしがいままでにぶつかることができた事柄よりも、その性質上もっと困難で、もっと深くかくされたものであることは確実であり、それをわたしから教わったのでは、自分でそれを学ぶほどおもしろくはないだろう。かつまたかれらが最初は容易な事柄から探求し始めて、順序を追うてだんだんともっと困難な事柄に移ってゆくことによってかれらが獲得するところの習慣は、わたしのすべての教えよりもかれらに役に立つだろう。ちょうどわたしの場合がそうで、もしわたしがもっとあとになってその論証を探求したすべての真理を若い時から教えられ、それを知るのに何の苦労もしなかったとしたらば、おそらくわたしはそれ以外のどんな真理も知るようにはならなかっただろうし、また少なくとも、わたしが真理の探求に専念するにしたがって獲得したと信じているところの、たえず新しい真理を発見する慣習や容易さを、けっして自分の身につけることはできなかったであろうと確信しているから。要するに、もしこの世に、ほかのどんなひとをもってしても、それを始めた当人によって完成されるほど完全に完成されることができない、といったような何らかの仕事があるとすれば、それはわたしが現在やっている仕事である。

この仕事に役立つことができる実験についていえば、その全部をやりとげるにはひとりではたりないというのは、なるほどそのとおりである。しかしこの場合、職人の手とか、あるいは給料を払って雇い入れることができ、非常に有効な手段である金儲けの希望からいい付けられたすべてのことを正確にやってくれるひとの手を別にすれば、他人の手はわたしの手ほど役に立たないだろう。というのは、好奇心や知識欲から援助を申しでる志願者たちについていえば、かれらは普通実力以上の約束をし、何ひとつ成功しないようなりっぱな提案をするばかりではなく、きっと報酬として若干の難問の説明を求め、あるいは少なくとも無益な挨拶や会談を求め、それがために失う時間はけっしてささやかな損害ではない。つぎにほかのひとがすでになしとげた実験についていえば、かれらはそれをば秘義と名づけてけっして公開しないだろうが、よしそれを伝えようと思う場合でも、このような実験は大部分種々の条件や余計な混合物から成り立っているから、そのなかから真理を判読することは非常にむずかしいだろう。それに、実験をしたひとたちはそれがかれらの原理にかなっているように見せかけようとつとめるものであるから、そのほとんどすべてがはなはだ不十分に説明され、あるいはまちがってさえ説明されているということは別にしても、かりにそこに役に立つ若干の実験があっても、そうした実験はそれを選び出すのに必要な時間をつぐなうにたりないだろう。だからもしこの世に、最大限に偉大で、公衆にとって有益なものをたしかに発見できるにちがいないと思われるひとがあって、このためにほかのひとたちがあらゆる方法でかれにその目的を達成させるようにかれを援助すると仮定すれば、わたしはかれらがかれのためになしうることは、かれの必要とする実験の費用を供与し、かつかれの余暇がだれの邪魔によっても奪われないように防いでやること以外にはないと思っている。しかしながらわたしは自分自身が何かなみなみならぬことを望める人間だなどとうぬぼれるものではないし、また公衆が自分の計画に多くの関心を寄せるにちがいないなどと想像するほど高慢な思想を抱くものでもない。それどころかわたしは、わたしが受けるに値していないと見られかねないような恩恵は、だれからであろうと、受けようなどとはかりそめにも望むような卑しい心は持っていない。

これらのもろもろの事情が全体合わさって、三年前[4]、わたしの手許にあった論文をけっして発表すまいと思い、またわたしの生存中は、ほかのきわめて一般的な論文も、またそれによってひとがわたしの物理学の基礎を理解することができるような論文も、全部世間に知らすまいと決心した理由となったのである。しかしその後、ほかのふたつの理由が出てきて、ここに若干の特殊な試論を付け加えて、自分の行動と意図について公衆に多少の報告をせざるをえないことになった。その第一は、もしわたしがそれを印刷に付さなかったならば、さきに二、三の著書を出版させようという意図がわたしにあったことを知っている多くのひとたちは、わたしが印刷をさしひかえた原因を実際以上わたしに不利に想像するかも知れないということである。なぜなら、わたしは極端に栄誉を愛するものではなく、あえてこういうことができるものならば、栄誉はわたしが何よりも尊重している安静に逆らうものと信じているかぎり、それを嫌うものですらあるが、しかしわたしは自分の行動を罪悪ででもあるかのようにかくそうとつとめたこともなければ、また自分がひとに知られずにいるようにかずかずの用心をしたこともないから。それというのも、このようにすることは自分自身を害することだと信じたからであり、またそれはわたしの求めている精神の完全な安静に反するようなことになるかも知れない一種の不安をわたしにあたえるであろうからである。そしてこのようにわたしはつねに世間に知られようが知られまいが、そんなことには無関心であったけれども、何らかの評判を立てられることは妨げることができなかったので、わたしは少なくとも悪評だけはまぬがれるように全力をつくすべきだと考えたのであった。わたしにこれらの特殊な試論を書かせるに至ったほかの理由は、わたしにとって必要な、しかも他人の助力なしにはわたしにはできない実験が無数にあって、自分を教養してゆこうというわたしの計画が行き悩んで、ますます遅延するのを毎日のように見て、わたしは、公衆がわたしの利害に大いに参加することを期待するほどうぬぼれてはいないが、しかし自分で自分をさげすもうとは思わないし、また後日自分よりも長生きするひとたちに、もしわたしがどういう点でかれらがわたしの計画に寄与することができるかをかれらに理解させることをなおざりにしなかったならば、わたしがしたよりももっとすぐれたたくさんのことをかれらに残すことができたであろうのに、といったような非難の口実をあたえることを欲しないからである。

そしてわたしはいくたの論争のたねとなることもなく、また自分の望む以上に自分の原理について云々する必要に迫られることもなく、もろもろの科学においてわたしのできることと、わたしにできないこととを十分はっきり示さずにはいないような若干の題材を選ぶことは、わたしにとって容易だと考えた。この点で「もろもろの科学においてわたしのできることとできないことをはっきり示すこと」わたしが成功したかどうかをいうことはできないし、また自分の著作のことを自分自身で語ることによって、他人の判断の機先を制しようとも思わない。しかしひとびとがこれらの著作を検討してくれることはわたしの喜びとするところであり、そしてひとびとがその機会をできるだけ多く持つように、わたしはこれらの著作にたいして若干の反対説を持たれるであろうすべてのひとびとに、その反駁をわたしの出版者に送る労をとられることをこいねがっておく。出版者からそれを知らせてもらって、わたしはその反駁に同時にわたしの返答を付け加えるようにつとめ、こうした方法で読者は両方をいっしょに読んで、それだけたやすく真理を判断するだろう。というのはわたしは、そこにおいてけっして長ったらしい返答をするつもりはなく、もしわたしが自分の誤ちを認めればきわめて率直にそれを承認するつもりであり、またもしわたしが誤ちを認めることができないならば、ひとつの問題からほかの問題へとひき廻わされないために単にわたしの書いた事柄の弁護に必要だと信じることだけを述べて、それに新しい問題の説明などは付け加えないだろうからである。

『光線屈折学』および『気象』の冒頭に述べた若干の事柄は、わたしがそれを仮説と名づけ、かつわたしにそれらを証明する気がないかのように見えることからして、最初は気にさわるかも知れないが、全部を注意して読み通す忍耐を持たれるように希望する。そうすれば諸君はきっと満足されるだろうと信じている。というのは、そこではもろもろの理由は、最後のそれはその原因である最初のそれによって、そしてこの最初のそれはその結果である最後のそれによって証明されるというふうに、相互につながっているように思われるから。しかしここでわたしが論理学者が循環論法と呼んでいる誤ちを犯していると想像してはいけない。というのは実験がこれらの結果の大部分を非常に確実にしているのであって、わたしがそれらの結果を演繹してくる諸原因は、これらの結果を説明するのに役立たないのと同じように、それらを証明するのに役立つものではない。そうではなくて、かえって原因こそ結果によって証明されるものなのである。そしてわたしはそれらをば仮定と名づけたが、それはもっぱら、わたしはそれらをばさきに説明した第一の諸真理から演繹できると考えてはいるが、しかもわざとそこから演繹することを欲しなかったということを知ってもらいたかったがためにほかならない。というのは、他人が二十年もかかって考えたすべてのことを、たった二こと三こと聞くとすぐに、一日で知りつくした気でいるひとびと、俊敏であればあるほど過ちを犯しやすく、また真理を知る能力を欠いているひとびとが、このような思いあがりから、かれらがわたしの原理だと信じていることを基礎にして途方もない哲学を打ち建て、その罪がわたしに負わされるようなことがないようにするためである。というのは、まったくわたしの見解に相違ない見解にたいしても、わたしはこれを新説だからなどと弁解はしない。なぜなら、もし諸君がその理由をよく考察されるならば、きっとそれが至って単純で常識にかなったものであって、同一の問題についてひとびとが考えることができるものであり、ほかのどんな意見よりも平凡で異様なところがないものだということを発見されるだろうと確信しているからである。なおまたわたしはどんな意見についてであろうと、自分はその第一の発見者であるなどと誇りはしない。むしろわたしは、わたしがそれらの見解を認めたのはそれがほかのひとによってすでにいわれたためでもなければ、またいわれなかったためでもなく、ただ理性がわたしにそれらを納得させたためにほかならないということを誇るものである。

たとえ職人たちが『光線屈折学』のなかで説明されている発明をただちに実行に移すことができなくても、わたしはだからといってこの発明が悪いとはいえないと思っている。というのは、わたしがそこで記述したもろもろの機械をあらゆる細部に至るまで何ひとつないものはないまでに作り、かつ調整するためには手腕と熟練が必要であるから、もしかれらが一挙にそれをうまくやってのけたら、わたしはだれかがよい譜面をあたえられただけで一日で抱琴《リュート》をみごとに弾くことができたよりも、もっとびっくりするだろう。そしてわたしが自分の教導者であるひとびとのことばであるラテン語をもちいないで、自分の国のことばであるフランス語で書いたのは、まったく純粋な自然的理性だけをもちいるひとたちは、ふるい書物だけしか信じないひとたちよりも、もっとよくわたしの意見を判断してくれるだろうと期待しているからである。そしてわたしは研究に加うるに良識をもってするひとびと、そういうひとびとだけをわたしの審判者としたい。かれらは、わたしがわたしの理論を通俗のことばで説明したからといって、これを傾聴することをこばむほどラテン語を偏重するひとたちではあるまいと確信している。

なおまたわたしは将来もろもろの科学においてわたしがなしとげることを期待している進歩については、ここでことこまかに語ろうとは思わないし、公衆にたいしてわたしが完成できるかどうかたしかでないような約束をしようとは思わない。しかしわたしはただつぎのことだけをいっておこう。それは、自分の余生を現在われわれが持っているよりももっとたしかな医学上の諸規則を導きだすことができるような自然にかんする知識を多少でも獲得しようと努めること以外にはもちいまいと決心したということ、わたしの性向はこれ以外のあらゆる計画、ことに一部のひとに有利であろうとすればほかのひとを害せざるをえないような計画から私を非常に遠ざけているからして、若干の機会がわたしをこのような計画に従わざるをえない羽目におとしいれたとしても、それをうまくやれるとは思っていないということである。このことについてわたしは、自分がこの世において重要視されるような人間にはなれないことを知っているが、しかしまたわたしはけっしてそのような人間になりたいとも思っていないということを明言しておく。そしてわたしは、わたしに余暇を妨害することなく享受させてくれるひとびとにたいして、この世におけるもっとも名誉ある職務をわたしに授けてくれるひとびとにたいするよりも、つねにいっそう深い感謝の念を捧げるだろう。

1　一六三三年七月。
2　すでに誌したとおり、これはガリレイの地動説を唱えた著書『ふたつの世界体系にかんする対話』をさす。本書は一六三二年出版され、翌年審問宣告された。
3　事実においてはデカルトはガリレイの説に賛成していた。かれは一六三三年十一月二十八日のメルセンヌあての手紙のなかで、こう書いている。「もし地動説が誤っているなら、わたしの哲学のすべての基礎もまた誤っていることになる。というのは地動説はわたしの哲学の基礎によって明証的に立証されているからだ。それはわたしの論説のすべての部分と密接に結ばれていて、それを切り離したらほかの部分もすっかり不完全なものになってしまうくらいである。」

4　すなわち一六三四年十一月末。

5　『方法序説』は、『気象学』『光線屈折学』『幾何学』を付し、全体が『哲学的試論』なる題名を持って出版された。

あとがき

わたしの『方法序説』初訳は一九五〇年刊の「世界古典文庫」（日本評論社）に所収のものであるが、一九五一年本文庫に収めるに当たって手を加えた。それ以来すでに十二年の月日がたった。その間日本語がはげしい変貌をとげたので、再び手を加えることにした。なるべく仮名を多くし、読みやすい、徹底した口語体にすることを目標にしたが、うまくいったかどうかは大方の批判にまつより仕方がない。

改訳に当たっては、左記のテキストを参考にした。

Descartes, Discours de la méthode. Préface et commentaires par Marcel Barjonet (Classiques du peuple). Paris, Editions Sociales, 1950.

この本は一六三七年にライデンから出た初版をもとにしており、また字義の解釈の上でも、いろいろ新説を出している。しかし訳者は段落は大体アダン＝タヌリ版の全集にしたがい、字義の解釈もジルソン版などを参考に、妥当と思われるものだけを採用した。

翻訳というものはいくら稿を改めても誤訳や脱落があるものである。お気づきの方はお知らせ願いたい。

訳　者

一九六三年九月

解説

デカルトの生涯と業績

一　社会的背景

コロンブスのアメリカ発見（一四九二年）、ヴァスコ・ダ・ガマのインド航路の開拓（一四九八年）が、ヨーロッパに新しい天地を開き、植民地貿易、商品の生産と流通の拡大をもたらし、資本主義の発達を招来したことは周知の事実である。

ヨーロッパでいちばんさきに資本主義への途にふみ入ったのは、近東との貿易に有利な地位を占めていたイタリアであったが、アメリカの発見、インド航路の開拓とともに、貿易の中心は地中海から大西洋に移り、イタリアにかわってイスパニヤが覇権《はけん》を握った。ここにはメキシコやペルーから略奪して来た金銀財宝が洪水のように流入した。

イスパニヤの覇権は永くつづかなかった。メキシコやペルーの財宝が略奪しつくされ、いやでも商品交換による貿易に移らざるをえなくなると、イスパニヤのマニュファクチュアー工業は貧弱だったので、イスパニヤはこちらから積み出す商品にこと欠いた。このようにして十六世紀の末に、カジス港を経由して積み出される品物の大部分は、イギリスやフランスの商品になってしまった。イスパニヤが自国の植民地との貿易を独占していたので、こんな変則なことがおこなわれたのであるが、このイスパニヤの覇権も、みずから「無敵艦隊」と号した同国の海軍が、一五八八年イギリスに破られてからは、あえなくついえてしまった。十七世紀は、海上ではイギリスの、ヨーロッパ大陸ではフランスの覇権の時代である。

経済の領域における封建制度の敗退と資本主義の進出は、政治やイデオロギーの領域にも大きな変化をもたらさずにはいなかった。それこそルネサンスおよび宗教改革の名で知られる大運動であった。ルネサンスはイタリアに始まり、全ヨーロッパに波及した。宗教改革は宗教のマントのもとに闘われた封建貴族とブルジョアジーとの一大政治闘争だった。

宗教戦争はイギリスやオランダでは新教徒の、ドイツでは旧教徒の勝利で終わりを告げたが、フランスでは両派の妥協で終わることになった。町民階級はまだ貴族階級を倒すほど強くなく、貴族階級にはもはや町民階級を抑えつける力がなかったので、勢力均衡の状態を利用して専制政治をしく絶対身分王制がフランスには確立することになった。

新教の旗頭であったナヴァール王アンリが旧教に改宗してパリに入城し、王位に即いたのは一五九四年であった。一五九八年かれはナントで勅令を発して信教の自由を許し、内乱で荒廃した国内経済の再建に乗り出したが、一六一〇年一狂信者に暗殺され、事業なかばで斃《たお》れた。かれが死ぬと内乱が再発しそうな形勢になったが、摂政マリー・ド・メディシスが不満の諸侯を金や地位で買収したので、ことなきをえた。アンリ王暗殺によって挫折するかに見えた絶対王制は、宰相リシュリューとマザランの努力によって、着々地歩を固めた。リシュリューは王権を確立するために、口実をもうけて諸侯を攻め、国防に必要な辺境の城塞を除いて、内乱の場合諸侯に拠点を提供しそうな国内の城塞は、民衆の手でこわさせてしまった。他方かれはラ・ロシェルにプロテスタントを囲み、三年かかってこれを降した。かれは常備軍を強化し、商船隊を創設し、植民地開拓に手をつけた。

かれのあとをついだマザランは外交方面ではいくたの成功をおさめ、オーストリー（神聖ローマ帝国の皇帝）とイスパニヤの干渉からフランスを完全に独立させた。しかし戦争のため国庫は窮乏し、税金は加重した。このようにしてかれは一方では新課税のため高等法院を先頭とする第三身分（町民階級）から攻撃され、他方においては貴族圧迫政策のため諸侯の怨みを受けることになった。不満は内乱にまで発展し、パリにはバリケードが築かれ、幼いルイ十四世は郊西のサン＝ジェルメンの離宮に落ちのびなければならなかった。しかし内乱は不成功に終わった。諸侯の利害は高等法院によって代表される町民階級のそれとは相反していたし、諸侯自身は自分一個の野心をとげることばかり考えていたので、マザランはかれらを買収して仲間割れをさせることに成功した。この時代はまた封建的反動の結果農民運動が高揚した時代であるが、町民階級はこれと結びついて王権および貴族を倒すよりも、封建的反動によって強化された領主権を利用して、農民を搾り取ることのほうに利益を見いだしたので、農民を裏切ってしまった。このようにして一時は王権を倒すかに見えたフロンドの乱（一六四八―五三年）もかえって王権を確立することにおわった。

その間ブルジョアジーは、たゆみなく前進をつづけていた。絹工業はすでに十六世紀にイタリアからツールとリヨンに移植され、一五四八年にはツールだけですでに八千人の職人がいたほどであるが、アンリ四世はさらにヴェネツィアのガラス工業をヌヴェール、パリ、リヨン等に移入し、フランドルの壁掛工業をパリのゴブランに移し植えた。十六世紀にすでに八つの「王立」工場があったが、アンリ四世は絹、壁掛、ガラスその他にわたって四十の王立工場をつくった。「王立」といっても、国家が金を出して建て、経営したのではない。補助金をあたえ、かつ中世以来の同業組合に対抗するのに必要な種々の特権をあたえて、庇護助成したという意味である。補助金の総額は六七万リーヴルに達し、ルーワンの麻工場のごときは三五〇人、パリの絹織物工場にはそれだけで二〇〇人の職人が働いていた。リシュリユーはアンリ四世の政策をうけついだ。かれはツールに絹織物工場を増設し、ピカルディ地方にガラス工場をもうけ、商業振興のため運河を開鑿《かいさく》し、郵便制度をもうけ、交通路を改修し、王立印刷工場を興し、植民地会社を創設した。

フランスは植民地貿易においては明らかにイギリスやオランダに立ちおくれていた。カナダ、北米、アンチール諸島を領有していたが、最後のもの以外はあまり開発されなかった。それというのもフランスの町民階級は、国際貿易によって得た利潤を商工業に投じないで、官職の購入や国家金融や土地に投じ、あるいは国家に寄生し、あるいは農民を搾取することによって儲けようとする傾向が強かったからである。ブルジョアジーが封建的反動に勝利したイギリス、オランダと、ブルジョアジーと封建貴族の勢力均衡の上に絶対主義が確立したフランスとの相違がそこにあるわけだが、フランスでマニュファクチュアーおよびそれに相応する国際商業がまったく発達しなかったように考えるのは正しくない。とくに十七世紀後半になっては、ルイ十四世の大臣コルベールの重商主義的政策のせいもあって、これらのものは大いにすすみ、ノルマンジーやブルターニュでは麻布が、リヨンとツールでは絹やレースが、ランスやアブヴィールではラシャ工業が勃興し、それらのものをヨーロッパおよび植民地に積み出し、カナダから毛皮を、アンチール諸島からは砂糖、コーヒー、煙草などを旧大陸に積んで来たボルドーやナントやサン＝マローやルーワンの商人は巨富を積んだ。

しかしフランスのブルジョアジーは、さきにも述べたように、官職や国家金融や土地に資本を投下する傾向がつよく、相対的には、そういう町民階級のほうが勢力があった。この階層がいかに急速にのしてきたかということは、十六世紀の終わりから本格的になった官職販売制を利用して勢力を伸張してきたかれらが、十七世紀の半ばにはすでに官服貴族として帯剣貴族（封建貴族）に対立し、貴族と町民との間に介在する一大勢力となったということでもわかる。十七世紀から十八世紀の初めにかけて、町民階級のリーダーシップをとったのは、この階層であった。

こうした状勢にあった十七世紀のフランスのブルジョアジーは、向上発展してゆく階級であり、明日の歴史を担う階級であったが、けっして革命的ではなかった。ひとつには絶対主義が相対的に進歩的な政策をおこなったせいもあるが、官職にしても国家金融にしても土地にしても、絶対主義という政治制度があって初めて儲けが保証されたのであるから、十七世紀フランスのブルジョアジーは大部分絶対主義の擁護者であり、封建制度にたいしてもまだ妥協的であった。

われわれが『方法序説』の著者デカルトにおいて見いだすのは、まさにこのような段階におけるブルジョアジーのイデオローグである。

二　デカルトを準備したひとたち

植民地貿易の発達につれてマニュファクチュアーがますます盛大になってゆくと同時に、新しい各種の機巧にたいする要求がおこった。太洋を安全に航海するために天文学、数学を研究する必要も生じた。このようにして生産方法における変革は、科学における、さらにひいては思想における変革を招来した。

このような科学上・思想上の変革はけっして一挙になされたものではない。しかし明らかな転換点となったのはコペルニクスの『天体の回転』(一五四〇年)であった。「この時以来自然科学は根本的に宗教から解放せられた。」(エンゲルス) コペルニクスのあとにケプレルとガリレイが続いた。

教会が自分の支配の基礎を掘りくずすこのような思想を拱手傍観《きようしゆ》していなかったことは、いうまでもない。コペルニクスの本が出た五年後の一五四五年に開かれたトレントの宗教会議は、自由検討の原則を排し、「教会の唯一の頭」としての法王の絶対権を宣言した。イグナチウス・ロヨラは子女の教育を握ることによってかれらを旧思想につなぎとめ、植民地に送る布教師を養成する目的でイエズス会（エスイタ教団）を組織した。ローマには検閲聖省がつくられ、教会にとって危険な思想を弘めるいっさいの書物を禁書にした（コペルニクスの本はいちばん先に槍玉にあがった。デカルトの著作も、かれの死の十二年後に禁書になっている）。異端糺問《きゆうもん》は司教裁判所の名のもとに復活された。これによって裁かれて焼き殺された犠牲者は数えきれないが、ここでは二人の哲学者、一六〇〇年にローマで焚殺《ふんさつ》されたジョルダーノ・ブルーノと、一六一九年にツールーズで同じ目にあったヴァニーニの名をあげておこう。

しかしトレントの宗教会議も、火刑も、社会の発展に応じた新思想の展開をおしとどめることはできなかった。ケプレルは遊星の運動法則を具体的に確立し、ガリレイはオランダの航海者が発明した望遠鏡をもちいて天体を観測し、天文学を飛躍発展させた。かれは地球の回転を確言し、この思想を、ラテン語ではなく俗語、すなわちイタリア語で書くことによって普及させた。それがためかれは捕えられて裁判にかけられた。かれは自説を取り消すことによって辛うじて火刑をまぬかれたが、余生を軟禁生活のうちに送らねばならなかった。それと同じ頃、イギリスではベーコンがスコラ哲学の独断と形式主義にたいして起ち上っていた。かれは実験的方法を確立し、「人間は自然にしたがうことによってのみ、自然を支配することができる」と説いた。

教会の時勢おくれの思想にたいして起ち上ったのはベーコンだけではなかった。ラブレーは化石した神学者と神学思想を『ガルガンチュワとパンタグリュエル』の中で思うさま戯画化し、人間の本能の解放を説いて、かれのユートピアであるテレームの僧院に「汝の欲するところをなせ」というただ一条の規則をあたえた。かれは自然の善性を確信し、「フィジス、すなわち自然は第一に美と調和とを生む。……つねに自然の敵であるアンチフィジーは、この自然の美しき、尊ぶべき出産を羨み、逆に無際限と不和とを生んだ。……その後、狂爺、乞食坊主、偽善家――その他自然に反する異形の怪物を生んだ」(『第四の書』第三十二章)と叫んだ。

モンテーニュは、神から選ばれた存在と見られていた人間を動物の列に引き下げ、「われわれは爾余のものより上でもなければ下でもない」(『エッセエ』第二巻第十二章レイモン・スボン擁護)と説き、古今東西のあらゆる事例を引いて、人間の認識の相対性を力説して、「われ何をか知る?」という懐疑思想を教会の独善思想と狂信主義に対立させた。かれはラブレー同様自然主義者であり、「自然は慈母のような温情をもって、われわれが必要上せねばならぬように命ぜられた行為がわれわれにとって快いものであるように配慮してくれた。自然は単に理性によってのみならず、また欲情によっても、われわれをそこに誘うものである。自然の法則にそむくことは不正である」(『エッセエ』第三巻第十三章)と説き、「自己を正当に楽しむことができるのは、絶対的な、また神のような完成に到達したことである」(同上)と主張した。しかし「自己を享受」しうるためには、まずもって自己をよく知る必要がある。『エッセエ』三巻は、この自己探求の記録にほかならない。それはまことにかれが序文の中で「わたし自身がこの書物の内容である」といっているとおりである。

デカルトはモンテーニュからいちじるしい影響をうけた。モンテーニュの「われ何をか知る」という懐疑思想もけっして懐疑のための懐疑ではなく、独断と狂信にたいする対症療法という実践的性格をもつものであるが、デカルトはそれを取って「方法的懐疑」にまで高めた。教会や学校で教えられ、本に書かれてあるすべてのことを疑った末に、デカルトがどうしても疑うことのできない真実として、かれの新しい方法の出発点としたのは、「わたしは考える、それゆえにわたしは存在する」という公理であるが、この自我思想が、モンテーニュによる自我の確立、『エッセエ』三巻なしには考えられないものであることは、見やすい理であろう。

三　デカルトの生涯と著作

勉学時代　ルネ・デカルトは一五九六年三月三十一日、中部フランスのツーレーヌ州のラ・エーという村に生まれた。祖父は医を業とし、父はブルターニュの高等法院の評議官であったから、かれの家庭は町民階級の上層、土地を買い、官職を買って、次第に貴族化してゆく、そういうブルジョアに属していたということができる。二歳のとき母を失い、母方の祖母の手で育てられ、十歳でラ・フレーシュの学院に入れられた。これはイエズス会士が少し前に設立した、当代指折りの中等学校であった。しかしデカルトがイエズス会の形式主義的な、書物学問に満足でなかったことは、『方法序説』の第一部でかれが卒業当時をかえりみてつぎのように書いていることから見ても明らかである。

「多くの疑惑と誤謬に悩まされている自分を発見して、勉学に努力したことによって、ますます自分の無知を発見したという以外には、何らの効果も収めなかったように思われた。」

ラ・フレーシュの学院を卒業したデカルトは、ポワチエの大学で法律をおさめ、一六一六年に法学士となっている。おそらく父が自分の官職をつがせるべく、法律を習わせたものと思われる。しかし確実な、人間に役立つ知識を得たいというかれの望みは少しもみたされなかった。かれは何ひとつ生み出さない学校の書物による学問をすてて、「自分のなかに、あるいは世間という大きな書物のなかに発見されるかも知れない学問以外はもはや求めない決心をして」（本書二〇ページ）旅に出た。

探求と旅行時代　それは十余年つづき、かれはヨーロッパの大部分を旅行してまわっている。かれはまずオランダに行き、イスパニヤの旧教軍と戦っていたモーリス・ド・ナッソーの新教軍に加わったが、休戦が成立したので、軍隊をやめて、再び旅に出て、オランダからデンマークに行き、ドイツの各地をまわって、一六一九年の五月、フランクフルトでおこなわれたフェルディナンド二世の戴冠式に列した。

それからかれはババリヤ公のカトリック軍に加わったが、同軍が新たにボヘミヤ王に選ばれ新教のチャンピオンであったフリードリヒ五世と闘うことを知り、契約を解いた。

一六一九―二〇年の冬をデカルトは南ドイツのウルムの近郊の村ですごした。「そこでは気晴らしになるような話相手もなければ、またさいわい心を乱すような心

配事や情念もなかったので、わたしは一日じゅうひとりで暖房に閉じこもって思索にふける余暇を持った。」（本書二六ページ）

こうして思索にふけるうちに、かれはついに新しい、確実な研究方法を発見した。一六一九年十一月十一日の夜かれは「啓示」を受けたと書いている。この「啓示」はいろいろに解釈されているが、新しい方法の獲得によって自然研究の全分野に向かってひらけてきた新しい展望が、若いかれを熱狂の状態においたと解釈するのがもっとも妥当であると思われる。

この新しい方法によって、かれは科学の全分野を革新することを企図したが、もちろんこのような大事業をなしとげるには、かれはまだ若すぎ、勉強が十分でなかった。それでかれは各地の学者と交わり、意見を交換するため、再び旅に出た。かれはイタリアも訪れたし、フランス国内も歩いた。イタリア滞在中には、科学に関心を持ち『虹を論ず』を書いたイエズス会士のマルク＝アントニオ・デ・ドミニスが牢死し、その死体が火刑に処せられた。パリでも一六二五年には自由思想家の詩人テオフィール・ド・ヴィヨーが焼き殺された。その前年にはすでにジャン・ビトー、エチエンヌ・ド・クラーヴ、アントワーヌ・ヴィヨンの三人がマルグリート女王の所で反アリストテレス学説を唱えたというので迫害され、国外に亡命している。王権は絶対に新教の味方でもなければ、新思想の味方でもないことをよく知っていた反動は、明らかに封建的思想・信仰の復活を夢みて、あらゆる分野で策動していた。

オランダ定住　このような情勢を見て、デカルトはフランスではとうてい自由な学問は存立しえないと考え、オランダに移り住む決心をした。当時資本主義的先進国として、イスパニヤから独立したばかりのオランダは、ヨーロッパでいちばん自由な天地であった。かれがここでいかに居心地よく生活したかは、一六三一年五月五日付で、友人ゲエズ・ド・バルザックに、同地移住を勧誘した手紙のつぎのような一節に十分にうかがうことができよう。

「わたしのいまいる大都会〔アムステルダム〕では、商売を営まぬものはわたしを除いてはひとりもなく、各人はまったく自分の利益に気を取られていて、わたしは一生の間けっしてだれの眼にもふれずに、ここにいることができそうです。わたしは毎日大勢のひとびとの雑沓のなかを、あなたがあなたの並木路の間を行かれるのと同じ自由とくつろぎをもって、散歩に出かけます。……あなたの果樹園のなかに、果実がなるのを見、身を埋めるばかりの豊饒のなかにいるという喜びがあるとすれば、この地にかずかずの船舶がやって来て、インドに産するあらゆるもの、ヨーロッパにあるあらゆる珍奇なものをたくさんわれわれの所にもたらすのを見ることにも、またたしかにそれに劣らぬ喜びがあると思いませんか？　望みうるかぎりのあらゆる生活上の便宜とあらゆる珍奇なものが、ここほど容易に見いだされるところを、世界のどこに選ぶことができましょうか？　それほど完全な自由を享受し、どこより不安なく眠ることができ、われわれを守るべく日夜怠りない軍隊がつねにあり、毒殺、叛逆、中傷がここより少なく、そしてわれわれの父祖の無邪気さがここより多く名残りをとどめている国がほかにどこにあるでしょうか？」

デカルトは一六四八年スウェーデンに出発するまで、約二十年間をオランダで暮しているが、アムステルダム、ライデン、ウトレヒトのような大都会に住むかと思えば、北部オランダのフラネッケル、サントポール、エグモントのような片田舎に引込むなど、かなり転々としているのは、この自由なオランダすら、なおかつかれの学問にとって不自由があったからではないだろうかとの疑いが持たれている。

オランダにいる間に、かれは三度フランスに帰っている。一六四四年には父の遺産相続のために、一六四七年と四八年にはかれにあたえられることになっていた年金のために、いずれも短期間帰国したのであるが、かれの哲学によりも、かれという人間に、あたかも「象か豹」みたいな珍獣にたいするのと同様な興味を寄せた宮廷人に「きわめて不快な感情」を抱いて、オランダに帰っている。

オランダに移住してかれがいちばんさきに手をつけた仕事は、自分の方法の原則を仕上げることであった。これはラテン語で書かれたが、未完成におわっており、死後、一七〇一年に初めて、『精神指導の規則』という標題のもとに活字となった。書かれたのはオランダ移住前後（一六二八―二九年頃）と考証されている。

オランダでデカルトは各種の科学上の実験をおこなっている。それはかれみずからのいうところによれば「ほとんど自分の書きものの行数ほどたくさん」ある。一例をあげると光の反射にかんする実験、振子の振動にかんする実験、落体の速度にかんする実験、さかさに立てた管中の水銀が空気の圧力のため一定の高さ以下にはさがらないという実験（これはパスカルが一六四七年にパリとピュイ・ド・ドームでおこなった、空気の圧力を証明する有名な実験であるが、「山上にいる場合、まったく低地にいる場合と同じだけ水銀が高くのぼるかどうか」をためすようにパスカルに勧めたのはデカルトである）などである。かれはまた低地にたまった水を安い費用でかい出す方法（これはオランダにとってはまことに重要な問題だった）に関心を寄せたり、光学機械をつくるためにパリでかれと協力したことのある職人のフェリエにオランダに来住するようにすすめたり、ガラスの裁断について詳細な注文を書き送ったりしている。

かれの興味と実験はけっして以上のような物理学の領域にかぎられなかった。かれは解剖学や生理学にも同様の熱心さをもって取りついている。一六二九年にハーヴェーの『血液循環の原理』が刊行されて、大きな波紋を生じていた頃であった。デカルトはアムステルダムで冬の間じゅう肉屋から肺や心臓をもってこさせて解剖をしている。ライデンでは熱心に大学の解剖の講義に通って、しばしばみずから動物の解剖をやっている。一六三九年にかれはこう書いている。

「それ〔解剖〕は十一年以来わたしがしばしばやった実験だ。そしてわたしほど、それを眼近かに見た医師はあるまいと信じている。」

サントポール滞在中には魚や蛙の解剖をやり、胎生学や胚種学（もちろん当時はこんな学問はまだなかったが）の諸問題を解こうと努力している。それがため孵化《ふか》中の卵をいろいろな段階で割って観察している。かれはまた植物学にも関心を寄せ、邸内に実験用の庭を作っている。

とにかくかれが自然科学の全分野にわたって、さまざまの実験を試み、真理をつかもうとしたことは、ある時訪問者がどんな本を読んでいますかと質問したら、解剖の準備をした犢《こうし》の前に引っぱって行って、「これがぼくの書庫です」と答えたという話が伝わっていることでも明らかであろう。

だから世上よくデカルトを演繹方法の宗家のようにいい、ベーコンの帰納法と対立して、かれはひとつの基本原則から、抽象的な論理的展開で結論を導き出す哲学者であるかのごとくいうむきがあるが、これは当たらざること遠いものであって、かれは帰納をも演繹をも真理の探求に必要な方法と見ている。このことは『方法序説』第六部を見ても明らかだと思う。

『宇宙論』の刊行中止と『方法序説』の刊行　以上のように、あらゆる分野における真理の探求に関心を持ち、それらを綜合的に論じた『宇宙論』を執筆しようと志した点において、デカルトはルネサンス思想の継承者であると同時に、十八世紀の百科全書派の先駆者であった。この本は光の問題を中心にして、「光の本性、光の生じる太陽と恒星、光を伝達する天空、それを反射する遊星・彗星および地球、地球上にあるすべての物体――そのあるものは色彩を持ち、あるものは透明で、あるものは光を発する――最後に光の観察者である人間」というふうに、宇宙のすべての存在を論じようという野心的なものだった。

ところがそれを印刷にまわすばかりの時に起こったのが、ガリレイの断罪事件である。デカルトは親友メルセンヌ師あての手紙（本書一二六ページ注3を見よ）でもわかるように、ガリレイの学説、すなわち地動説に賛成であり、それをもとにしてかれの本は書かれていた。慎重なブルジョアであったかれは、このような本は刊行しないほうがよいと考え、すっかり組みあがっていたにもかかわらず、印刷を中止した。かれは「平穏に生活」したかったし、かつかれは教育界に大きな勢力をもっていたイエズス会とことをかまえたくなかった。というのは、かれはかれらの学校でだんだんに自分の所説を採用させてゆこうと考えておったからである。かれは進歩的な人間だったが、けっして革命的な人間ではなかったのである。

ガリレイ事件が起こって『宇宙論』の刊行を中止したのは一六三三年のことであるが、同時にデカルトは、かれのあまりにも慎重な態度がかえって疑惑を招くことも恐れなければならなかった。というのは、かれの本のことは当時学者の間には知れわたっており、その刊行が待たれておったからである。同時にデカルトは自分の研究を進めるために「無数の実験」の必要を痛感していたが、それがためにはほかのひとびとの協力が必要であった。これがデカルトに、『宇宙論』の要約とでもいったようなものを刊行して、自説を世間に周知させる必要を感じさせた理由である。そこでかれは『宇宙論』がどんなものであるかを理解させる「見本」として、『屈折光学』『気象学』『幾何学』の三つの論文を一巻にまとめ、それに『理性を正しく導き、もろもろの科学における真理を探求するための方法序説』を付して、一六三七年に上梓した。これらの諸論文は、それまでの学界のしきたりを破って、俗語、すなわちフランス語で書かれている。人間はだれでも理性を有しており、理性を有しているひとならだれでもこれを理解できるはずだというのがかれの確信であった。

哲学史上、思想史上重要な意義を持つ『方法序説』を別にして、三つの科学論文のうち、もっとも重要なのは疑いもなく『幾何学』で、そこに代数の幾何学への適用、すなわちかれの発見にかかる解析幾何学が展開されている。それまで代数と幾何とは截然と分かれた数学で、その間には何の関係もなかった。幾何学はユークリッドの努力によってひとつの体系をもった学問となっていたが、代数学のほうは、何しろローマ数字をもちいておったがため、はなはだ雑然としていた（これがいかに発達していなかったかは、十七世紀中葉にタールマン・デ・レオーが、会計院長の一書記が百を五十倍するといくらになるかを立ちどころに計算できるのをみて感心しているのでもわかる）。十六世紀後半にヴィエートが出て、いくたの改革を試みたがなお十分でなかった。デカルトは数学を比例の学問と解し、数式を座標で現わすことを考えついた。これは数学における一つの革命であり、それは単にその後の数学の発達に大いに寄与したばかりではなく、航海術を非常に助けた。

『省察』『哲学原理』『情念論』　一六四一年には『省察』（ラテン語）が出た。これはすでに『方法序説』の第四部に述べられているかれの形而上学をより詳細に展開したものである。人間の魂と神の存在を証明することがかれの目的であるが、ここにおいてかれは二元論者として現われている。かれによれば精神と物体はふたつの実体であって、前者は思惟を、後者は延長を属性とする。精神は考えるだけで、肉体（物体）をもたず、他方物体は延長だけであって考えないとしたら、一体精神と物体（物質）はどのようにして交渉するのか？　デカルトはこのふたつの世界は脳の松果腺《しょうかせん》で接触すると主張したが、それでは答にならなかった。これはデカルトが解くことのできなかった矛盾であり、かれ以後の哲学はこの矛盾を枢軸にして展開する。

デカルトはまた神の存在を証明するに当たって、われわれのうちには最高の完全性をそなえた神の概念がある、しかるに最高の完全性は「存在」するという性質を欠くことはできない、だから神は存在する、という本体論的論証をもってした。これはのちにカントがりっぱに批判したように、一個の詭弁《きべん》でしかない。われわれは最高の完全性をそなえた人間を想像することができよう。しかしそのことは何らこのような人間が現実に存在することを保証するものではないからである。

一六四四年にはかれの物理学である『哲学原理』（ラテン語）が刊行された。『宇宙論』の本質的な部分はすべてこのなかに含まれている（ただし生物と人間とはここでは取り扱われていない)。形而下の世界を対象とした物理学においては、デカルトは完全に唯物論者として現われている。かれの物理学には神の存在する余地はなく、すべては原因と結果の因果律でもって展開されている。かれの物理学が十八世紀唯物論の源泉のひとつとなったことはゆえなしとしない。

本書でデカルトが生物と人間を除外したのは、この領域においてはまだ確実なことをいう自信がなかったからであろう。一六三三年以来彼は熱心に解剖学や生理学を研究し、いくたの実験を試みたとはいえ、大体この時代の科学者はすべて力学的観念に捉われており、生理現象を力学的に解こうとして無駄骨を折っていた。デカルトといえども例外でなかったことは、かれが『方法序説』でハーヴェーの血液循環説を大体において受容しながら、しかもなおそれを力学的に説明しようとしてかえって誤っていることに徴しても明らかなことであろう(本書八四―八五ページ参照)。

しかしかれは自分の体系のなかに人間の生理学をどうしても欠くことはできなかった。それが一六四五年にフランス語で書かれ、一六四九年に出版された『情念論』で、これは人間の心理学的・生理学的考察である。かれが情念と名づけているのは、外界からの印象によるにもせよ、人体の有機的運動によるにもせよ、ともかくそれが原因となって魂にあたえられるすべての刺戟《しげき》のことである。かれはこれを六つの基本的情念に分け、そうした情念はどういう生理学的起源を有し、どういう生理現象をともなうかを詳細に論じている。もちろんかれの説明は今日の科学から見れば正しくないことが多いが、人間の感情をこのように生理学的に説明しようとするかれの傾向は、今日の実験心理学の研究方法と同一の方向を指し示すものであり、またなかにはパヴロフの条件反射によって始めて科学的に解明されたような現象にすでにかれの注意がひかれている個所（一ノ五〇）もあって、やはり本書がひとつの天才の著作であることを思わせる。

デカルトは情念をけっして悪いものとは見ていない。否、反対にかれはそれをすべて善いものと見、その過剰さえも悪とはしていない。ただかれはこれを盲目的なものと見、先見の明ある理性がそれを正しい方向に導き、情念が人間を正しくない方向にひきずろうとする場合には意志がそれを押えることが必要であると考えている。情念をこのように考えるデカルトは、これを罪悪視するキリスト教的な思想と対立しているばかりではなく、いっさいの情念からの脱却のうちに最高の道徳的完成を見るストイシズムとも対立している。

デカルトは『情念論』では人間の生理学的研究は不十分であると感じたのか、一六四八年にさらに『人間論』および『人体の説明、または胎児の生成』を書いている。

これらは死後、一六六四年になって刊行された。

書翰　右にあげた著作——それはいずれもさして大部なものではないが、庞大《ぼうだい》な研究の結果であり、若干のものはまったく未開の分野に始めてクワを入れたものであった——のほかに、デカルトの業績として無視すべからざるものに、莫大《ばくだい》な数にのぼる書翰《しょかん》がある。何しろ学会もなければ、学術雑誌もなかった時代のことであるから、学者たちは自分の意見や実験の結果などを手紙で交換しあった。したがってこの時代の学者の書翰は、単なる私信ではなく、かれらの思想や業績をうかがうために必ず参照しなければならぬ業績である。デカルトの手紙は量において庞大であるばかりではなく、その内容があらゆる分野の問題にわたり、かれが真に百科全書的な知識の持ち主であることを示しており、科学・思想史上重要な文献である。かれのいちばん主要な通信相手は、ラ・フレーシュの学院での同窓生メルセンヌ神父である。メルセンヌは、かれ自身は独創的な思想の持ち主であったとはいえないようであるが、あらゆる国の学者、教養ある人士と文通し、当時のヨーロッパの科学および思想の仲介者、交換所のような役割を果している。デカルトもかれをとおして新しい実験や発明、新刊や論争などの情報を得ると同時に、自分の仕事をほかの学者に広く知らせておったようである。

メルセンヌをとおしてばかりではなく、デカルトは当時のヨーロッパの主要な哲学者、科学者、知識人と直接文通している。それはベークマン（オランダの数学者）、ホイヘンス（オランダの天文学者）、ゲエズ・ド・バルザック（フランスの作家）、ホッブス、ガッサンディ（フランスの唯物論哲学者）などの学者から、レンズ工のフェリエ、フランスのスウェーデン大使シャニュ、イギリスのニューキャッスル侯、ボヘミヤ王フリードリヒ五世の娘エリザベート公女、スウェーデンのクリスチナ女王にいたるまで、あらゆる階層とあらゆる種類のひとびとに及んでいる。その内容は数学、天文学、軍事科学、水力学、音楽、倫理学、神学、形而上学など、およそ考えうる人智のすべての分野にわたっており、手紙自体が一個の論文と見なすべきほど長いことがしばしばである。たとえばエリザベート公女あての道徳を論じた手紙などは、長文で詳細であるばかりではなく、かれの著作のなかには直接道徳を論じたものがないので、かれの倫理思想をうかがううえで、見逃すことのできないものとなっている。

オランダにおける迫害とスウェーデン行　そのきわめて慎重で、ひかえ目な言行にもかかわらず、デカルトの思想、科学的業績が、キリスト教の教義と相容れないものであることが次第に明らかにならずにはいなかった。オランダは当時としては自由な国であり、かれが同地に移住した最初の頃には、たしかにデカルトは何の拘束も感じなかったが、一六四〇年頃から、新教の神学者のなかにもかれを危険視するものが出てきた。ウトレヒト大学の教授で、牧師のフォエートはかれを無神論者であると非難した。デカルトはかれに答え、その返事を公開した。フォエートは市参事会に訴えた。参事会はフォエートに言い分ありとし、デカルトの返答の販売を禁じた。のみならずかれの著書を焚書にすべしとまで論ずるものさえ現われた。デカルトは出頭を拒否したが、友人が国王オレンジ公に愬《うった》え、公が干渉したため、ことなきをえた。そうこうする間に火の手はほかの所でもあがっていた。こんどはライデンで神学者たちがかれを攻撃し、論争を終結させるという口実のもとに大学の管理者はデカルトの新哲学について、賛否を問わず発言することを禁じ、デカルトの名をあげることさえ禁止してしまった。再びオレンジ公の助けをかりる必要があった。

スウェーデンのクリスチナ女王は、学者や芸術家を宮廷の飾り物と心得、かねてからデカルトをストックホルムに招きたいと、フランス大使シャニュを通じて再三再四交渉し、わざわざ海軍元帥を使臣としてデカルトのもとに遣わしたほどであった。デカルトは最初のほどはまったく気が向かなかった。病弱なかれはスウェーデンのきびしい気候を憂慮したばかりではなく、かれは宮廷生活が嫌いだった。しかしオランダもかれにとって安住の地ではなくなり、神学者を相手の論争がかれの時間を奪って、研究を妨害することははなはだしかったので、かれはついにクリスチナの招請を受ける決意をして、一六四八年の末にスウェーデンに向けて出発した。

ストックホルムはかれには居心地がよくなかったようである。かれは「当地では人間の思想も冬は水のように凍るらしい」と友人に書き送っている。それでもかれは水銀柱の実験をしたり、技芸学校のプランを作ったりしている。しかし北欧の気候はかれの健康のよく堪えるところではなかった。とくにクリスチナはわがままで気まぐれな女王であって、自分の庇護を高く支払わせた。彼女はデカルトに哲学の講義のため早朝五時に宮廷に出仕することを命じた。デカルトは肺炎におかされ、一六五〇年二月十一日、五十三歳で死んだ。

四 『方法序説』の意義

『方法序説』はつぎのようなことばで始まっている。

「良識はこの世でもっとも公平に配分されているものである。……正しく判断し、真偽を弁別する能力――これがまさしく良識、もしくは理性と呼ばれているところのものだが――は、生まれながらに、すべてのひとに平等である。」（本書一〇ページ）

すなわちデカルトはあらゆるひとに理性、換言すれば考える力を認めたのであって、これはまさに思想の領域における「人権宣言」であった。それまでひとは、神によって選ばれたものだけが真理を認識する能力を持ち、したがってひとを教え導くことができるので、その他のものはその教えに黙って服従すればよいと考え、かつそう説いてきた。いや、デカルト以後にあっても、こういう思想は根づよく残っている。たとえばジャンセニスト（パスカルをも含めて）は、人間は神の啓示なくしては真理の認識に到達できないと考えている。現代においてさえ、ファシストたちは、人民は愚民であり、限られた少数の指導者だけが、真理を知っているので、人民は黙って、文句ひとついわずに、かれらのあとについてくればよいと考えている。

すべての人間が「正しく判断し、真偽を弁別する能力」を生まれながらにそなえているとするならば、この理性が真実と認めるところのことだけを真実として認め、いささかでも疑わしいところのあるもの、「単に真実らしいというにすぎないものは、すべてほぼ虚偽と見なし」（本書一九ページ）てこれを捨てるべきであることはいうまでもない。だからこそデカルトは、かれの方法の第一原則として「わたしが明証的に真理であると認めるものでなければ、どんな事柄でもこれを真実として受け容れないこと」（本書三五ページ）という準則を立てたのである。これは「方法的懐疑」と呼ばれているところのものであるが、この原則の持つ歴史的意義はどこにあるか？それはこの方法がいっさいの外的権威の否定であったところにある。それまでひとは、それが神の啓示なるがゆえに、それが聖書のなかに書かれてあることであるがゆえに、それがアリストテレスないしはトーマス・アクイナスの説なるがゆえに、それは真実であり、無条件に受け容れられなければならぬと主張してきた。このような思考方法こそ、かのスコラ哲学、封建思想の本質をなすものであった。デカルトはこのようないっさいの外的権威を否定し、思想の独立を宣言したのであった。

このような思想の変革がどのように大きな意義を持つものであるかは、フランス、一般にヨーロッパにおけるような社会的・思想的変革を閲しなかった日本の現実を見れば明らかである。およそわが国の知識階級ほど、もの知りで、理窟はよくこねるが、権威にたいして弱い人種はない。かれらは、えらいひとのいったことだとか、「権威ある」新聞や雑誌に印刷されていることだとか、外国で流行している思想や文学だとかは、ただそのことだけでそれを無批判に受け容れてしまう。独自にものを考え、判断し、自己の信念を持って行動するという習慣がかれらの間には至って乏しい。だから「信用ある」新聞やラジオの報道に、てもなく欺かれてしまうのである。

ヘーゲルは多くの感激をこめて、デカルトのことを「近代哲学の父」と呼んでいるが、以上のふたつの点によっても、かれはまさしくかく呼ばれるにふさわしいひとであった。

デカルトはこのようなかれの方法の革命的意義をよく理解していた。そしてさっそくその射程を限定しようとした。かれはこの方法――すべてのものを理性によって検討し、理性が疑いえないものだけを真として受け容れるという方法から、当然出てくる結論を恐れたのである。かれはモンテーニュと同じように、「いつも何か新しい改革を念頭に描いてやまないような、騒々しい、落着きのないひとびとをどうしても是認しえない」人間であった。そこでかれはまず第一に宗教をこの理性の検討から除外した。第二に知識の領域と行為の領域とを区別し、後者、すなわち道徳や政治はこの規則にしたがわぬと宣言し、モンテーニュとまったく同様に、宗教や政治は、自分がそのもとに生まれたところの宗教、政治制度をそのまま認容すべきであると説いた。すなわちかれは本書の第三部で「神の恵みによって、自分が子供の時からそのなかで教育されてきた宗教をつねに信奉し、ほかのすべての事柄においては、わたしが生活をともにしなければならないひとたちのなかでもっとも良識あるひとびとによって実践上広く承認されている、いちばん穏健な、極端からいちばん遠ざかった意見に従って身を修め」ながら、国の法律および慣習に服従すること（本書四四ページ）を提議している。かれはこれを確定的な道徳が定立するまでの「一時しのぎの道徳」と銘をうって提案しているが、その後のかれの探求は結局この「一時しのぎの道徳」を、理性に立脚した確定的な道徳として立てることを目指しているとしか思えない。

このほかにもなおデカルトのなかには徹底しない、中途半端な要素がたくさんある。精神と物質の二元論にしても、物理学においては徹底して唯物論者でありながら、神の存在を認めたことも、すべてそうであるといえる。かれのこうした中途半端性は、十七世紀のフランスのブルジョアジーが絶対主義にたいして示した態度のうちにその根を持っている。デカルトは当時のブルジョアジーとともに、絶対主義によって科学も産業も政治も思想もだんだんに発達してゆくであろうという望みを捨てなかった。かれは生涯、いつかは神学の総本山であるソルボンヌが自分の哲学を受容するであろうという期待を抱いていた。

事実絶対主義は十七世紀の前半において、フランスのブルジョアジーはその産業を一定の限度まで前進させる役割をつとめたけれども、十七世紀の末になって、絶対主義がその矛盾を露呈しはじめ、この制度をもってしてはブルジョアジーの本質的な諸要求を達成することは不可能であることが明らかになったとき、デカルトが理性の検討の前においた制限は突破される。まずピエール・ベールとフォントネルが、宗教や政治をも理性の検討に付する態度を示し、十八世紀の啓蒙主義者は、唯物論者であると観念論者であるとを問わず、いずれも理性による宗教の批判、理性にかなった政治制度（それはエンゲルスのいっているとおり結局ブルジョア的政治制度にすぎなかったが）を探求した。かれらの理論はつきつめればデカルト的方法の必然的な結論だった。

形而上学におけるのとは反対に、デカルトは物理学においては徹底的に唯物論者として現われる。かれの自然科学には単に神の存在する余地がないばかりではなく、かれはそこからいっさいの超自然的な力——これは錬金術士のみならず、かれ以前の科学者においてしばしばでくわすところのものである——を排除し、すべての自然現象を物体とその運動から説明している。かれの説明があまりにも力学的であって、そこに誤った多くの解釈があるということは、かれの物理学のもつ哲学的意義を少しも減ずるものではない。というのは徹底的に合理主義者として、自然を自然自体から解明しようとしたかれの態度は、近代科学に礎石をすえたばかりではなく、かれは人間による科学の無限の発達を確信し（本書第六部を見よ。そこでかれは「後からくるものは先人の終えた所から始め、こうしていくたの生涯と、数多の人間の労作を合わせて、われわれ全体で、各人が別々にすることができるよりもはるかに遠くにまで進む」であろう（本書一〇六ページ）といっている）、それが人類に幸福をもたらすであろうという明るい希望にみたされて、「われわれを自然の主人、所有者のようなものにすることができる」（本書一〇四ページ）ために努力しているからである。科学のもつこうした人間的・社会的任務を忘れ、原子爆弾のような破滅的な兵器の製造に科学がもちいられることに良心の痛みを感じないような現代の科学者は、デカルトの言葉をよく味わってみるべきではなかろうか？

五　デカルトと現代

一九三七年に祝われた『方法序説』の三百年祭、一九四七年のかれの生誕三百五十年祭、一九五〇年の死後三百年祭などを機会に、じつにたくさんのデカルトにかんする本や論文が書かれた。そしてそれらのものは、史的唯物論の立場から書かれた少数のものを除いては、一連の共通した特徴をもっている。それは、デカルトを合理主義者と見るリアール、アラン、ブランシュヴィックなどの古典主義的なデカルト解釈に反対し、彼を実存主義者にしたり（サルトル）、非合理主義者にしたり（ジャン・ラポルト）、「ほとんどパスカルに接近した」神秘主義者にしたり（コワレ）しているものばかりである。デカルトのこのような非古典主義的解釈は、けっして今日に始まったものではない。その先鞭をつけたのは中世哲学の大家エチエンヌ・ジルソンであった。かれは一九一三年に『スコラ＝デカルト索引』および『デカルトにおける自由と神学』で学位を得、一九三〇年に『デカルト体系の形成における中世思想の役割にかんする研究』をもって、中世的で神学的なデカルトを発見するという「創見」を示した。デカルトの意図は、伝統的な神学を最少限の修正をもって生まれつつあった物理学上の必要に適合させるにあったというのが、ジルソン教授の一貫した考え方であり、これによれば従来の哲学史家やデカルト学者が堅持してきた「デカルトの革命」は否定される。デカルトは中世思想、すなわちスコラ哲学の後継者であり、かれの物理学（かれらはこれを自然学と呼んでいる）は、トーマス・アクイナスの改造でしかない。このようにして中世思想の権威は高められ、デカルトの地位は低められる。ジルソンをもって始まった「デカルト解釈の革命」が、かれを実存主義者にしたり、パスカリヤンにしたりするような解釈にまで到達したとて、何の不思議があろうか？

こうしたデカルト解釈は、現代のブルジョア的哲学思想が、まったくかれらの階級の生んだ輝かしい先駆者、革新的な思想家を理解し、評価し、その遺産を継承する能力を失っていることを示すものにほかならない。

それでもこれらの哲学者諸君は、デカルトを哲学者として残そうとしている点ではまだしもいくらかの良心をもっているが、ファシストはもっと簡単に彼を抹殺したがっている。ヴィシー政府の文部大臣アベル・ボナールは、つぎのように声明した。「ぜひとも打倒しなければならないすべての偶像のうちで、ひとびとがフランス精神の決定的な代表者としておし出そうとしている、あのデカルトを追っぱらうことほど、緊急を要することはない。かれを窓から投げ出さねばならぬ。」

これとあまりにも顕著な対照をなしているのは、一九四六年三月二日、デカルトの生誕三百五十年祭を記念してソルボンヌでおこなわれた祝典で、フランス共産党書記長モーリス・トレーズのおこなった講演である。「理性の全能にたいするデカルトの呼びかけのうちには、何という革命的な力があることだろう！　……デカルトは精神の自由を、諸精神の平等を、友愛の基礎である万人の連帯性を宣言した。自由、平等、友愛、これこそフランス大革命の原理それ自体である。そしてこれらの諸原理がデカルトにおいていちばん最初に見いだされるのである。」

以上のような一連の事実は、いまやだれがデカルトの思想の真の継承者となっているかを雄弁に物語っている。腐敗し、死滅してゆく帝国主義的資本主義社会の哲学者には、もはやデカルトを正しく評価し、かれの思想を正しく発展させてゆく能力を失った。フランス革命を準備した十八世紀の啓蒙思想家によって継承されたデカルトの思想的遺産は、いまや労働者階級のものとなりつつあるのである。この近代哲学の父を、いっさいの反動的汚辱から清める日が、やがて訪れるであろう。

訳　者

解　説——新装版にあたって

小泉義之

古いものを打ち倒して、新しいものを打ち立てるには、どうすればよいのだろうか。古いものはすでに腐臭を放っているのに、新しいと自称するものが現われては消えていくだけの時代を、古いものから新しいものへの本当の過渡期にするためには、どうすればよいのだろうか。

古いものの限界を批判的に指摘するだけでは足りない。古いものが間違っているのではないかと疑うだけでは足りない。古いものを拒絶したり否定したりするだけでも足りない。また、古いものとは違う別のものを教えてやるだけでは足りない。古いものを内側から食い破って乗り越えるものを示してやるだけでは足りない。古いものにそぐわない異質なものを仄《ほの》めかせてみせるだけでも足りない。要するに、批判、懐疑、解体、否定、思弁だけでは足りない。差異、解釈、脱構築、弁証法、他者性、絶対性だけでは足りないのだ。

では、どうすればよいのだろうか。どうなればよいのだろうか。英雄が出現する必要がある。批判や懐疑などを行動化する英雄、他者性や絶対性などを生きてしまう英雄が必要である。英雄が登場しないことには、歴史なるものが過渡期になることはないのだ。こんなことを言えば嗤《わら》われるかもしれない。あるいは、眉を顰《ひそ》められるかもしれない。あるいは、英雄の出現に期待するそんな姿勢は傍観者的であるにすぎないと非難されるかもしれない。しかし、英雄が出現しないことには何も動き出さないほど時代が腐っているとしたらどうであろうか。

かつてブレヒトは『ガリレイの生涯』で、こんなことを書いていた。英雄が出現しないことが不幸なのではなく、英雄の出現を待ち望むような時代そのものが不幸なのである、と。ところが、歴史とは、常にその意味において不幸なものではないだろうか。少なくとも、思想界はその意味において不幸なものである。思想界は、英雄が出現しないことにはビクともせず、英雄が出現しさえすれば慌てふためくような、その程度の不幸なものなのである（だから、英「雄」との表記のままで書いてもいる）。

では、思想界の英雄とはいかなる人物であろうか。古いものを退ける思想を現に生きてしまっているような人物でなければならない。既成のメインストリームから外れ既存のキャリアパスを打ち捨てる、広い意味で在野の人物でなければならない。新しい思想でもって古い頑迷な知識人を恥じ入らせてしまうほど、狭い意味で優秀な人物でなければならない。親鸞やイブン＝ハルドゥーンのような、マルクスやフロイトのような、そんな人物でなければならない。そして、デカルトは、まさしく英雄であった。小場瀬卓三の「解説」の言葉を借りよう。

「十七世紀のフランスのブルジョアジーは、向上発展してゆく階級であり、明日の歴史を担う階級であったが、けっして革命的ではなかった」。そんな何とも息苦しい情勢にあって、デカルトは、「輝かしい先駆者」となって、「革命的意義」のある「新しい方法」を打ち立てた「革新的な思想家」であった。デカルトは、大学のすべての学問を身につけながらも、『方法序説』の理論部分で書かれてあるように、「いっさいの外的権威を否定し、思想の独立を宣言した」だけではなく、『方法序説』の自伝部分に書かれてあるように、旧体制を破壊して新体制を企画する戦争に身を投じて命がけで行動したのである。もちろん、おそらく常にそうであるように戦争による革命の企画は裏切られて挫折し、デカルトはある種の妥協や後退を強いられたわけであるし、その限りで「徹底しない、中途半端な要素がたくさんある」にしても、それでもデカルトは「科学も産業も政治も思想もだんだんに発達してゆくであろうという望みを捨てなかった」。古いものを打ち倒して新しいものを打ち立てるという革命性・革新性を生涯にわたって決して手放さなかったのである。

一九七〇年、高校の闘争もピークを過ぎて索漠とした雰囲気が漂い始めていた頃、友人の一人が『方法序説』を読んで、「哲学書だけど難しくなんかない。わかりすぎるくらい、わかったよ」と目を輝かせて報告しにきたのを覚えている。それは間違いなく、この小場瀬卓三訳・角川文庫版だったはずである。小場瀬卓三は、当時のデカルト研究にも触れて、こう書いていた。

「腐敗し、死滅してゆく帝国主義的資本主義社会の哲学者には、もはやデカルトを正しく評価し、かれの思想を正しく発展させてゆく能力を失った。フランス革命を準備した一八世紀の啓蒙思想家によって継承されたデカルトの思想的遺産は、いまや労働者階級のものとなりつつあるのである。この近代哲学の父を、いっさいの反動的汚辱から清める日が、やがて訪れるであろう」。

その後のデカルト研究は、デカルト哲学を「反動的汚辱」からある程度清めてきたとは言える（拙著『デカルトの哲学』〔人文書院、二〇〇九年〕参照）。いまや待ち望まれるのは、デカルトの「思想的遺産」を、来るべき「労働者階級」のものとするような思想を、「闇のなかをひとり歩く人間のように」（『方法序説』第二部）進みながら現に生きてしまうような若い人々であり、その只中から出現する思想の英雄である。

（立命館大学大学院教授、哲学・倫理学者）

本文中には、今日の人権擁護の見地に照らして不適切と思われる表現がありますが、発表当時の社会的背景を鑑み、一部の表現の修正を除き、原則的にそのままとしました。

（編集部）

方法序説《ほうほうじよせつ》

デカルト

小場瀬卓三《おばせたくぞう》＝訳

角川文庫 17195

昭和三十八年十月六日 初版発行
平成二十三年十二月二十五日 新版初版発行

発行者—山下直久
発行所—株式会社角川学芸出版
東京都千代田区富士見二—十三—三
電話・編集（〇三）五二一五—七八一五
〒一〇二—〇〇七一
発売元—株式会社角川グループパブリッシング
東京都千代田区富士見二—十三—三
電話・営業（〇三）三二三八—八五二一
〒一〇二—八一七七
http://www.kadokawa.co.jp
印刷所—旭印刷 製本所—BBC
装幀者—杉浦康平

SP G-201-1 ISBN978-4-04-408603-9 C0110

角川文庫発刊に際して

角川源義

第二次世界大戦の敗北は、軍事力の敗北であった以上に、私たちの若い文化力の敗退であった。私たちの文化が戦争に対して如何に無力であり、単なるあだ花に過ぎなかったかを、私たちは身を以て体験し痛感した。西洋近代文化の摂取にとって、明治以後八十年の歳月は決して短かすぎたとは言えない。にもかかわらず、近代文化の伝統を確立し、自由な批判と柔軟な良識に富む文化層として自らを形成することに私たちは失敗して来た。そしてこれは、各層への文化の普及滲透を任務とする出版人の責任でもあった。

一九四五年以来、私たちは再び振出しに戻り、第一歩から踏み出すことを余儀なくされた。これは大きな不幸ではあるが、反面、これまでの混沌・未熟・歪曲の中にあった我が国の文化に秩序と確たる基礎を齎らすためには絶好の機会でもある。角川書店は、このような祖国の文化的危機にあたり、微力をも顧みず再建の礎石たるべき抱負と決意とをもって出発したが、ここに創立以来の念願を果すべく角川文庫を発刊する。これまで刊行されたあらゆる全集叢書文庫類の長所と短所とを検討し、古今東西の不朽の典籍を、良心的編集のもとに、廉価に、そして書架にふさわしい美本として、多くのひとびとに提供しようとする。しかし私たちは徒らに百科全書的な知識のジレッタントを作ることを目的とせず、あくまで祖国の文化に秩序と再建への道を示し、この文庫を角川書店の栄ある事業として、今後永久に継続発展せしめ、学芸と教養との殿堂として大成せんことを期したい。多くの読書子の愛情ある忠言と支持とによって、この希望と抱負とを完遂せしめられんことを願う。

一九四九年五月三日

幸福論

アラン

石川湧 訳

カバーイラスト
竹岡美穂

「悪い天気には、いい顔をするものだ」（91「幸福になる法」より）

20 世紀前半、最大の思想家にして高校の教師でもあったアランが、幸福についてときに力強く、ときには瑞々しく、やさしい言葉で綴った 93 のプロポ（哲学断章）。幸福とはただ待っていれば訪れるものではなく、自らの意志と行動によってのみ達成されるとする主張に、未来を拓く幸せへのヒントがある。

ISBN978-4-04-408602-2

角川ソフィア文庫

哲学者の言葉

いま必要な60の知恵

富増章成

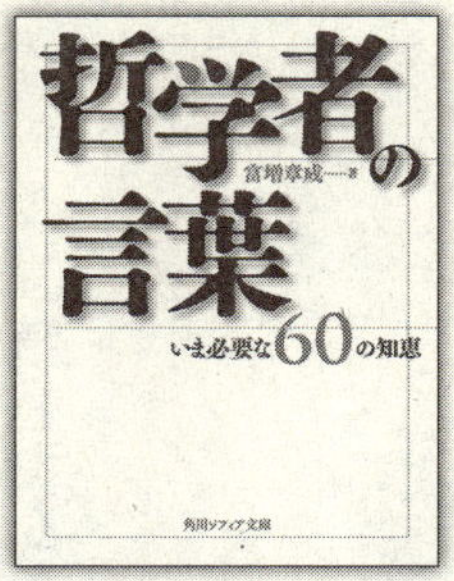

ビジネスマンの企画立案に、学生の論文作成に、語り継がれる哲学の思考法には、いまあなたが必要とするヒントがある！「神は死んだ」（ニーチェ）、「私は考える、ゆえに私はある」（デカルト）——。主要な西洋哲学者の思想を端的に表した60の名言と、その思想内容をわかりやすく解説した、哲学入門の決定版！

ISBN978-4-04-409442-3

角川ソフィア文庫